Faire vivre la démocratie

ISBN 978-2-7082-9527-8

Cet ouvrage a bénéficié du soutien du CESE.

www.editionsatelier.com

THOMAS-LOUIS NOVILLO

FAIRE VIVRE LA DÉMOCRATIE

éditions de l'atelier

« Pas de discours vrai sans démocratie, mais le discours vrai introduit des différences dans la démocratie. Pas de démocratie sans discours vrai, mais la démocratie menace l'existence même du discours vrai. »

Michel Foucault,
Le Gouvernement de soi et des autres

Prologue

Que peut la délibération dans ce monde de brutes ?

Depuis plusieurs décennies, la démocratie recule à l'échelle mondiale, à la fois quantitativement et qualitativement. Selon les indicateurs du V-Dem Institute ou de The Economist Democracy Index, jamais autant de pays n'avaient connu un tel recul des libertés politiques et civiles depuis la fin de la Guerre froide. En 2023, moins de 8 % de la population mondiale vivait sous un régime pleinement démocratique[1], tandis que les démocraties dites « défectueuses » ou les régimes hybrides (on entend parfois les litotes « démocratures » ou « régimes illibéraux ») se multiplient. Les élections sont de moins en moins transparentes et la liberté d'expression s'affaiblit[2]. Même dans les démocraties établies, le phénomène est préoccupant. La désinformation et l'érosion des contre-pouvoirs affaiblissent la vitalité des systèmes représentatifs. Si la démocratie est un autre nom de la politique, alors c'est le sujet politique qui est malade.

1. https://www.eiu.com/n/democracy-index-conflict-and-polarisation-drive-a-new-low-for-global-democracy/
2. https://www.v-dem.net/documents/43/v-dem_dr2024_lowres.pdf

Et le remplacement de la politique par la domination de la richesse, de la tradition ou du fait religieux ne sont que des aliénations antidémocratiques.

Parallèlement, le débat dans les sociétés démocratiques s'effondre sur lui-même par l'hystérisation du discours ou sa confiscation.

Le danger de l'hystérisation, de la fureur névrotique d'un discours qui électrise, est aujourd'hui essentiellement le fait d'une extrême-droite qui prospère encore et toujours sur la haine et le ressentiment. Dans un fabuleux dévoiement du langage, elle invoque désormais partout dans le monde la « liberté d'expression » pour avoir le droit de désinformer sans entrave, de désigner des boucs émissaires ou de porter des discours antiscientifiques sur le réchauffement climatique ou la santé. Sous le régime nazi, la population allemande était prisonnière d'une langue pauvre, répétitive, faite de slogans et enfermée dans une « maladie du superlatif[3] » : on sortait toute la pompe et les circonstances pour un oui pour un non, et tout était « glorieux », « éternel », « géant ». Impossible de résister à la tentation du parallèle historique avec un trumpisme qui gouverne à coups de *wonderful* et *tremendous*, dans une Amérique *great again*.

La confiscation du débat est, quant à elle, davantage imputable à des élites de sensibilité plus libérale, de droite ou de gauche (qui ont répondu au cours de l'histoire à des appellations différentes :

---

3. Victor Klemperer, *La langue du Troisième Reich*, 1947.

« bloc central », « bloc bourgeois », « libéraux », etc.). Ils ont fait de la technique leur refuge, réduisant parfois le débat politique à une série d'arbitrages économiques *neutres*, au mépris des idées concurrentes et de la conflictualité inhérente à la politique. Il n'y aurait pas d'« alternative », selon l'adage de Margaret Thatcher.

L'espace démocratique finit asphyxié entre cette prétendue absence d'alternative et la guerre culturelle menée par les mouvances fascistes et conservatrices. Appels à l'autorité, purges de l'administration et des universités, croisades « antiwokes », instrumentalisation des passions identitaires, pensée d'une civilisation supérieure faisant face à des menaces « existentielles », justifiant tout et n'importe quoi : tout y est. Le dialogue se réduit à une guerre de positions stérile, tandis que de véritables enjeux comme la justice sociale, la transition écologique ou la répartition des pouvoirs sont relégués au second plan. De débat, de vrai débat, il n'y a guère, dès lors qu'aucun des principes de la bonne délibération n'est respecté : inclusion de tous les citoyens, absence de pression extérieure (pouvoir, argent) sur la discussion, usage d'arguments sincères et formulés de manière à pouvoir être critiqués par tous. Sans être persuadé qu'un tel débat parfait puisse exister, on pourrait au moins y voir un objectif vers lequel tendre. Car dès lors que ces principes sont tous bafoués, aucune chance d'aboutir à des décisions collectives légitimes et surtout acceptées. Il faut donc défendre l'idée d'une éthique de la discussion, comme la formulait Jürgen Habermas[4], car la politique est un espace de communication complexe. Cette idée a le

4. Notamment dans sa *Théorie de l'agir communicationnel*, 1981.

mérite d'être, d'une part, pleinement démocratique dans sa forme et, d'autre part, d'enraciner la moralisation du débat dans une critique résolue de la raison instrumentale, qui ne chercherait le vrai que comme un moyen pour atteindre le pouvoir[5]. Cela permet d'offrir des perspectives pour sortir de l'aliénation que le débat produit sur les individus.

S'il faut tendre autant que nous le pouvons vers une saine délibération pour soigner un débat public qui, aujourd'hui plus que jamais, est construit sur du sable, il ne faut pas se faire d'illusion sur ses vertus ou y voir un facteur automatique d'apaisement des passions de la société. La discussion ne conduit parfois pas tant au consensus qu'à la polarisation. Cela est lié à la psychologie humaine mais aussi à l'essence profondément conflictuelle de la politique. Les intérêts des uns ne sont pas ceux des autres. Nier cette opposition ne sert que les intérêts dominants. Le débat ne permet de sortir de cet *agon* que par des exercices de pensée qui, quoique passionnants, restent spéculatifs. Le philosophe américain John Rawls[6] imagine une situation originelle hypothétique où des individus rationnels choisissent les principes qui organiseront leur société, sans connaître leur propre place dans

---

5. On voit là l'influence sur Habermas de l'École de Francfort et de la séminale *Dialectique de la raison* (1944) de Theodor W. Adorno et Max Horkheimer. Les deux philosophes dénoncent une société où la rationalité issue des Lumières (Auflkarung), avec une promesse d'émancipation, est devenue un outil de contrôle et d'oppression. La culture et la technique servent à perpétuer un système aliénant plutôt qu'à libérer l'individu. La raison, en se retournant contre elle-même, produit son propre dépassement dans l'irrationalité (régimes totalitaires).
6. John Rawls, *Théorie de la justice*, 1971.

cette société (sexe, classe sociale, facultés physiques, etc.). Chacun serait ainsi placé derrière un « voile d'ignorance », qui empêche les biais et assure l'impartialité. La pensée de Rawls a été essentielle dans la construction de la rationalité démocratique contemporaine et irrigue, nous le verrons, la pensée de la délibération. Mais chez Rawls comme chez Habermas, le débat ressemble assez à un colloque académique idéal. Cette conception fait l'objet de sérieuses critiques, théoriques comme sociologiques, quant au fait qu'elle nie la question du conflit et des inégalités de fait, qui rendraient ses expériences impossibles en pratique.

Ce débat sur la démocratie délibérative fait apparaître certaines questions : la délibération peut-elle rendre compte du conflit politique, voire l'intégrer ? Comment les acteurs eux-mêmes peuvent-ils être changés par l'expérience participative ? Comment intégrer la marginalité, les avis clivés ou les argumentations non rationnelles dans le débat ?

Les riches travaux du politologue Loïc Blondiaux sur la démocratie délibérative le soulignent : « Les dispositifs contemporains de participation et de délibération sont toujours le lieu d'une tension entre la recherche d'un consensus et l'expression d'une critique (...). Le caractère démocratique de ces nouvelles institutions de la démocratie tient précisément à l'impossibilité que l'une de ces logiques puisse l'emporter sur l'autre. » Ce n'est pas un long fleuve tranquille, mais une casserole pleine d'eau en ébullition permanente, et l'on veille à ce qu'elle ne déborde pas (sans y parvenir).

L'hystérisation de la discussion et la confiscation du pouvoir laissent les citoyens dans une double impasse : d'un côté, la colère instrumentalisée qui conduit à la violence ; de l'autre, la résignation imposée par le camp « raisonnable » (qui n'en est pas moins idéologique), qui se pose en défenseur de la démocratie contre le camp adverse.

La mobilisation des Gilets jaunes a illustré une sorte de défaite des institutions à comprendre les évolutions sociales, économiques et démocratiques, et à fournir le cadre adéquat au débat. À son origine, le mouvement s'articule autour d'un enjeu concret et quotidien : la hausse du prix du carburant, perçue comme une injustice sociale frappant les classes moyennes et populaires des territoires périphériques. Pourtant, très rapidement, les manifestations se déplacent des routes aux ronds-points, et la nature même du mouvement évolue. En discutant, en débattant, en partageant des expériences et des colères, les manifestants passent de la revendication économique à une remise en question plus profonde du système politique. Ce qui n'était qu'une protestation sur le pouvoir d'achat devient un véritable laboratoire démocratique improvisé, où émergent des exigences institutionnelles comme le référendum d'initiative citoyenne (RIC) ou une critique radicale du fonctionnement de la démocratie représentative (avec le refus de se ranger derrière un parti, un syndicat ou simplement un *leader*). Ce basculement révèle un fait fondamental : les aspirations politiques ne se limitent pas à l'expression ponctuelle du suffrage universel. Elles se construisent dans le dialogue, l'échange et la confrontation des idées, et ont besoin d'espaces pour exister en dehors des seuls moments électoraux. L'enjeu n'est donc pas seulement de voter, mais de créer les conditions d'une participation démocratique continue, où les citoyens puissent s'approprier durablement les débats et les décisions qui les concernent.

La démocratie, dans sa conception actuelle, tend à être réduite à l'exercice périodique du vote, ce qui laisse peu de place à la société civile dans les processus décisionnels et aggrave le fossé entre les citoyens et les institutions. Le Conseil économique, social et environnemental (CESE), institution méconnue et souvent reléguée au second plan dans l'architecture institutionnelle française, incarne à cet égard un potentiel démocratique[7].

Avec des dispositifs récents comme les conventions citoyennes, le CESE et la démocratie sociale en général peuvent transcender leur rôle consultatif pour devenir des instruments démocratiques, à l'heure où le suffrage, modalité traditionnelle d'expression démocratique, peut être dévoyé par l'argent[8], par la désinformation ou les manipulations rhétoriques et l'instrumentalisation des faits divers comme des conflits mondiaux. Il ne s'agit pas de déposséder l'individu de son vote, mais au contraire de le renforcer.

En croisant les représentations juridiques et philosophiques qui structurent notre vision de la démocratie avec des travaux de sociologie des institutions (en particulier du rapport qu'entretiennent les citoyens avec elles) et de la participation, il est possible d'explorer l'hypothèse selon laquelle la démocratie sociale et la démocratie représentative, bien articulées avec nos structures de gouvernance, pourraient créer les conditions d'un

7. Le CESE (prononcé « céseu ») ou son prédécesseur est inscrit dans la Constitution depuis 1946.

8. Julia Cagé, *Le prix de la démocratie*, Paris, Fayard, 2018.

débat public vraiment démocratique et une passerelle durable entre les citoyens et les institutions traditionnelles.

Cependant, cette ambition ne peut se concrétiser que si ces mécanismes participatifs échappent à certains pièges politiques. Piège de la relégitimation de responsables publics qui ont déjà décidé avant d'interroger et instrumentalisent les procédures consultatives pour pouvoir se targuer de l'onction démocratique. Piège aussi de ceux qui, pris dans l'inertie technocratique et élitiste, ignoreront les résultats qui ne leur plairaient pas. C'est en échappant aux pièges des institutions et des intérêts politiques, sans jamais les nier, que nous progresserons vers une démocratie qui permet d'exercer pleinement ses libertés civiles et d'affronter les grandes transformations économiques, sociales et environnementales.

Introduction

Un idéal démocratique contrarié

En quête de démocratie

La démocratie, au-delà de son cadre institutionnel et juridique, reste une notion complexe à définir. La conception libérale, centrée sur la représentation, l'État de droit et une architecture institutionnelle encadrant l'exercice des pouvoirs (élections régulières, séparation des pouvoirs, indépendance de la justice, etc.), repose sur l'idée que la liberté politique est avant tout d'être protégé contre l'arbitraire du pouvoir. Héritée de penseurs comme John Locke, Montesquieu, Emmanuel Kant ou Benjamin Constant, elle met l'accent sur la limitation des pouvoirs publics et la garantie des droits individuels. Dans cette perspective, la démocratie est conçue avant tout comme un ensemble de mécanismes visant à empêcher l'abus de pouvoir, plutôt qu'à produire directement la volonté populaire. Cette approche a permis de fonder des régimes de liberté, mais elle tend parfois à considérer la participation citoyenne comme un risque ou un excès, qu'il convient de contenir plutôt que d'encourager.

Elle s'inscrit également dans une vision individualiste du sujet politique, notamment chez Kant, pour qui l'autonomie morale suppose la capacité de l'individu à se donner à lui-même la loi universelle. Dans cette perspective, la liberté est pensée avant tout comme l'indépendance vis-à-vis d'autrui, et non comme la co-construction d'un monde commun. Si cette conception permet de fonder des droits universels, elle peine toutefois à penser la dimension collective de la citoyenneté, ainsi que les conditions sociales qui permettent aux individus de participer effectivement à la vie démocratique.

Aussi, si cette construction libérale et juridique semble difficile à dépasser pour les démocraties contemporaines, elle fait l'objet de très nombreuses critiques quant à son caractère formel. D'un côté, on lui reproche de réduire la démocratie à une procédure électorale périodique, sans réelle garantie d'une participation continue, ni d'un contrôle effectif des citoyens sur les décisions. De l'autre, sa prétention à la neutralité masque souvent des rapports de force inégalitaires : les plus favorisés disposent des moyens d'accès à l'information, à la parole publique et aux ressources nécessaires pour peser sur les choix collectifs. Cette conception procédurale tend ainsi à entretenir une illusion de souveraineté populaire, alors même que les inégalités structurelles – économiques, sociales, culturelles – limitent fortement l'effectivité de cette souveraineté. Elle peine également à intégrer les enjeux contemporains comme la transition écologique ou la reconnaissance des minorités, qui exigeraient des formes de délibération plus inclusives, continues et adaptées à la complexité du monde social. Les inégalités structurelles que cette conception ignore perpétuent des logiques de domination et de captation du pouvoir, éloignant les citoyens de la « chose publique » et des espaces décisionnels.

Notons toutefois que cette critique, notamment endossée par les matérialistes historiques marxistes, comporte également parfois un caractère formel (non plus juridiquement, mais dans sa conception économique théorique de la société). Il faudrait un ouvrage entier pour restituer la totalité de ce débat critique, au demeurant passionnant.

Certains philosophes, tels que Tocqueville ou Rawls, rappellent que la démocratie est aussi une ambition d'égalité et de justice. C'est à la fois l'utopie d'une société d'individus libres et émancipés et un régime censé refléter le désir commun d'un partage juste des positions de pouvoir.

Souveraineté populaire et suffrage

Le constat de la défiance croissante vis-à-vis des institutions invite à relier ces réflexions théoriques aux enjeux contemporains, marqués par l'émergence de nouvelles formes d'engagement (ou de désengagement) citoyen qui questionnent les modèles institutionnels traditionnels. Et à poser de nouveau la question du lien entre la souveraineté nationale et ses institutions. Car s'il semble évident que la démocratie est le gouvernement du peuple par le peuple, on ne peut admettre que cela se réduise au seul vote du peuple. Ce serait vider la forme de son contenu, confondre un principe fondateur avec des modalités contingentes. Le vote est une condition nécessaire de la démocratie, mais la délégation du pouvoir par le vote n'en est certainement pas un principe suffisant. Comme le rappelle le philosophe Claude Lefort, la démocratie est avant tout l'institution d'un « vide du pouvoir » [1], c'est-à-dire un régime dans lequel le pouvoir ne peut être accaparé par personne, et où les règles du jeu – droits fondamentaux, séparation des pouvoirs, délibération contradictoire – garantissent l'alternance et la légitimité du débat.

Un double mouvement affaiblit d'ailleurs la portée réelle du suffrage en même temps qu'il renforce son caractère symbolique : d'une part, le fait que les votes ont quasi systématiquement un caractère binaire (pour ou contre, pour A ou pour B), qui peut se comprendre évidemment pour des raisons organisationnelles mais traduit une « volonté » sur-simplifiée et pauvre ; d'autre part (on le verra, p. 111, dans les fictions utiles de la démocratie élective), le fait que la majorité relative des suffrages exprimés ait valeur de totalité, homogénéisant une société faite d'intérêts divergents, de croyances, d'opinions et de valeurs antagonistes. En mettant en scène la société et ceux qui la composent, l'élection dissout le corps social. En organisant le conflit politique, elle le nie en partie.

L'histoire regorge d'exemples où des régimes autoritaires ont invoqué le vote ou la souveraineté populaire pour légitimer des dérives absolument anti-démocratiques. Hommage du vice à la vertu, ils organisent des élections pour bénéficier du sceau symbolique de la démocratie. Hitler est fort d'un suffrage favorable en 1933 (même s'il est loin d'avoir la majorité, contrairement à une

1. « Démocratie et avènement d'un "lieu vide" », *Le Temps présent. Écrits 1945-2005*, Belin, 2007.

idée reçue) et consolide son autorité par plébiscite. Il s'empresse ensuite, au nom de l'onction démocratique, de vider le régime de Weimar de sa substance démocratique et sociale, avec la fin de la démocratie d'entreprise (ce qui ravit le patronat industriel allemand), la fin de la presse libre et la criminalisation des opinions politiques divergentes. Les exemples plus récents ne manquent malheureusement pas, où des démocraties illibérales laissent naître de véritables gouvernements autoritaires, muselant la presse et la justice, supprimant (parfois littéralement) toute forme d'opposition, tentant de renverser les institutions, sapant les fondements des contre-pouvoirs, du droit et même de la connaissance.

Cette dérive au *pattern* malheureusement assez classique consiste à sacraliser le suffrage tout en détruisant l'État de droit. Même en France, certains responsables politiques invoquent le suffrage universel pour délégitimer les contre-pouvoirs : juges, institutions indépendantes, presse critique. Tout contrôle de la part des institutions démocratiques serait un abus, un viol de la souveraineté populaire (dans une lecture erronée de Rousseau, on assimile sans nuance cette dernière au suffrage). Les règles du jeu n'ont pourtant que faire des personnes particulières qui y prennent part. Ce sont les institutions du conflit, absolument nécessaires (quoique non suffisantes) à toute organisation démocratique.

Au XIXe siècle, Benjamin Constant distinguait la liberté des Anciens – participation directe aux affaires de la cité – de celle des Modernes – garantie des droits et contrôle des gouvernants. La démocratie moderne repose précisément sur cette tension féconde entre souveraineté populaire et État de droit, entre expression collective et limites institutionnelles. On ne saurait évidemment priver la démocratie du vote, mais la réduire à celui-ci est une erreur profonde et régulièrement réitérée. Il ne s'agit surtout pas de limiter la portée du vote pour confier les affaires à des techniciens. Mais plutôt de conserver ce qui en fait la valeur – la reconnaissance de l'autre, de la règle, du dissensus – et d'éviter d'ouvrir la porte au « despotisme majoritaire », selon les mots de Tocqueville. En somme, le suffrage est la modalité classique d'expression de la démocratie, mais la démocratie n'existe que lorsque le cadre dans lequel il s'exerce est pluraliste, garanti, équilibré. Sinon, le peuple n'est pas souverain : il est instrumentalisé.

Le CESE en quelques mots

Avant d'entrer dans l'analyse des tensions entre démocratie représentative, démocratie sociale et participation citoyenne, il convient de présenter brièvement le Conseil économique, social et environnemental (CESE), troisième assemblée constitutionnelle de la République française, aux côtés de l'Assemblée nationale et du Sénat. Il est inscrit dans la Constitution de 1958 (Titre XI) et a pour mission principale de conseiller les pouvoirs publics en formulant des avis et des propositions sur les grandes orientations économiques, sociales et environnementales du pays. Sa fonction est consultative, mais elle participe pleinement de l'équilibre démocratique, en articulant l'expression des forces vives de la société avec les décisions institutionnelles.

Le CESE est composé de 175 membres, nommés pour cinq ans. Ses membres ne sont pas élus au suffrage universel, mais désignés par des organisations représentatives dans différents domaines : syndicats de salariés, organisations patronales, associations environnementales, mutuelles, associations de jeunesse, de lutte contre les discriminations ou d'action sociale. Les organisations appelées à choisir les membres sont elles-mêmes désignées par une commission placée sous l'autorité du Premier ministre. La composition du Conseil reflète une représentation fonctionnelle, fondée non sur les territoires ou les partis, mais sur les corps intermédiaires et les dynamiques de la société civile organisée. Depuis sa réforme en 2021, le CESE s'est vu confier un rôle renforcé de participation citoyenne : il peut désormais organiser des conventions citoyennes, recevoir des pétitions citoyennes dès 150 000 signatures, et se saisir de sujets à la demande des citoyens. Cette réforme en fait un acteur institutionnel de la démocratie participative, à la croisée des chemins entre représentation sociale et expression directe. Conçu comme un espace de dialogue entre les représentants de la société civile, des syndicats et des associations, le CESE pourrait constituer un levier puissant pour réintégrer les citoyens dans le processus décisionnel. Dans le contexte actuel de défiance extrême envers les institutions classiques, il est temps de redonner au CESE un rôle plus central, en faisant de l'institution une véritable respiration démocratique, une instance capable de peser sur les choix collectifs (comme elle l'a déjà fait dans le passé) et d'influencer l'action publique par son souffle délibératif, pour renouer avec une démocratie plus vivante, plus inclusive et plus ancrée dans les réalités sociales et environnementales.

Élargir l'horizon de l'action publique

Dans ce contexte, la démocratie sociale apparaît comme une piste féconde pour refonder le lien entre institutions et société. Elle se distingue de la démocratie représentative en intégrant activement les corps intermédiaires – syndicats, employeurs et entreprises, associations, mutuelles, collectifs citoyens – dans les processus de délibération, de négociation et de décision. Elle vise à articuler les formes de représentation élective avec les dynamiques de participation continue, à ancrer la démocratie dans le quotidien des rapports sociaux, et à rapprocher l'État des citoyens par des formes de médiation collective. Elle ne prétend pas se substituer à la souveraineté populaire, mais cherche à en élargir l'exercice au-delà du seul moment électoral.

Nous ne serons véritablement démocrates que si nous acceptons de repenser la démocratie à partir de ses marges, en réhabilitant la fonction politique de la société civile, en valorisant les espaces de délibération partagée, et en réaffirmant la démocratie sociale comme une condition de légitimité pour l'action publique. Ce n'est qu'en articulant les exigences d'égalité, de participation et de justice que nous pourrons relever les défis de notre temps.

Chapitre I

Une brève histoire des corps intermédiaires en démocratie : la tentative du Conseil national économique (CNE) et les contre-offensives autoritaires

La création en 1925 du Conseil national économique (CNE, ancêtre du CESE) s'inscrit dans un contexte de transformation profonde du rapport entre l'État et les forces économiques et sociales. Au début du XXe siècle, l'accélération de l'industrialisation, les tensions entre le patronat et les syndicats, ainsi que l'émergence d'une opinion publique (parfois nourrie par la pensée ouvrière marxiste ou les expériences des révolutions russes), devenue plus exigeante en matière de droits sociaux, poussent les gouvernements à chercher des formes d'arbitrage nouvelles.

L'« expérience » démocratique du CNE n'a été possible, dans les institutions de la IIIe République, « qu'après que le problème d'un déficit de la représentation politique a été posé », selon l'historien contemporain Alain Chatriot [1]. La création du CNE ne peut en effet se comprendre sans analyser la longue gestation théorique et politique qui l'a précédée. La question de la représentation politique et de la place des forces économiques et sociales dans la décision publique est au cœur des débats républicains depuis le XIXe siècle. Retracer ce débat pourrait faire l'objet d'un ouvrage à part entière. Mentionnons tout de même le fait que l'idée devient plus vive encore au

1. Alain Chatriot, *La Démocratie sociale à la française, L'expérience du Conseil National économique, 1924-1940*, Paris, La Découverte, 2002, p. 13.

tournant du XXe siècle, à mesure que la représentation professionnelle se développe. C'est dans cette période que sont consacrées en France la liberté syndicale et la liberté d'association, par les lois Waldeck-Rousseau de 1884 et 1901. Le droit et les sciences sociales se sont opportunément joints à cette réflexion[2]. Ainsi, le constitutionnaliste Léon Duguit[3] se fait le relai de l'idée d'Émile Durkheim, pour qui le corporatisme est « un moyen de remédier à l'état d'anomie[4] des sociétés modernes[5] ». Si le « corporatisme » a aujourd'hui une connotation assez négative – on y perçoit la volonté de défendre des intérêts catégoriels égoïstes – il s'agissait alors seulement d'intégrer les forces sociales et économiques (les « corporations », les métiers) dans le champ politique.

Duguit défend notamment l'idée que les syndicats doivent être « intégrés dans l'État » comme un prolongement de la représentation nationale[6]. Ces thèses entrent en tension avec la

---

2. C. Didry, « De l'État aux groupes professionnels. Les itinéraires croisés de Léon Duguit et d'Émile Durkheim au tournant du siècle (1880-1900) », *Genèses*, 2 décembre 1990, p. 5-27.

3. Léon Duguit, *Traité de droit constitutionnel*, E. de Boccard, 1928.

4. L'anomie correspond à une situation d'évolutions sociales faisant que les normes collectives ne sont plus compatibles entre elles, ou qu'elles disparaissent. À cette époque, le développement économique et technique accéléré conduit en effet à une évolution très rapide des modes de production, d'expression et de vie, sans que les institutions (politiques ou sociales, de la famille à l'État) puissent pleinement servir de cadre aux individus. Émile Durkheim, *De la division du travail social*, 11e éd., Paris, PUF, 1986, p. 31.

5. Alain Chatriot, *op. cit.*, p. 15.

6. Léon Duguit, *op. cit.*, p. 754.

doctrine plus classique du droit constitutionnel portée, entre autres, par Adhémar Esmein, considérant que la souveraineté nationale exclut toute représentation des intérêts, leurs représentants pouvant à la rigueur être limités à un rôle consultatif[7]. Joseph Barthélemy renforce cette critique en affirmant que la représentation des intérêts est même incompatible avec la République en tant qu'elle remet en cause la dimension nécessairement individualiste du sujet démocratique[8].

Au-delà des débats théoriques, des expériences institutionnelles extraparlementaires se multiplient sous la IIIe République. L'administration développe des « conseils supérieurs » dans différents ministères, permettant une consultation plus structurée des parties prenantes[9]. Le Conseil supérieur du travail, créé en 1891, devient un lieu de dialogue entre syndicats et patronat, même si son rôle reste limité.

La Première Guerre mondiale marque un tournant. L'État s'implique directement dans la gestion de l'économie, et les rapports entre administration et forces économiques s'intensifient. Étienne Clémentel et Louis Loucheur, ministres chargés respectivement de l'industrie et de l'armement, encouragent la concertation avec les chambres de commerce et les organisations patronales[10].

7. Adhémar Esmein, *Éléments de droit constitutionnel français et comparé*, Société anonyme du Recueil Sirey, 1927, 8e édition.

8. Joseph Barthélemy et P. Duez, *Traité de droit constitutionnel*, Dalloz, 1933.

9. Pierre Rosanvallon, *Le Peuple introuvable*, Gallimard, 1998, p. 257-265.

10. Alain Chatriot, *op. cit.*, p. 15.

C'est la CGT qui propose la première, en 1919, la création d'un Conseil économique national. Mais le projet, soutenu par Clemenceau, est vidé de sa substance, n'accordant que six sièges aux organisations syndicales[11].

D'autres pays expérimentent alors des conseils économiques. C'est le cas de l'Italie, de la Pologne (où la Constitution le prévoit mais reste sans effet), et, de manière plus visible, de l'Allemagne. La Constitution de la République de Weimar comprend en effet un chapitre dédié à la « vie économique » (*das Wirtschaftsleben*), et son article 165 prévoit qu'un « Conseil économique du Reich » peut « faire soutenir des propositions de loi devant le Reichstag ». C'est donc un véritable pouvoir de proposition qui est conféré au Conseil. Et ce modèle effraie d'ailleurs un peu les conservateurs français qui y voient (à raison) la contamination du sujet économique par le sujet social.

L'idée d'une institution économique consultative réapparaît durant la campagne électorale de 1924. En réaction, Raymond Poincaré tente de créer un contre-feu avec un « Comité consultatif supérieur du commerce », dominé par le patronat, qui suscite de vives critiques de la CGT et des réformateurs républicains (citons notamment plusieurs articles du député Antonelli dans *Le Peuple*). Le Cartel des gauches, victorieux aux élections du 11 mai, pousse à une réforme institutionnelle visant à donner une place plus grande aux organisations sociales et professionnelles. Le ministre du Travail, Justin Godart, lance en juillet

11. Justin Godart, *Les Clauses du travail dans le traité de Versailles*, Paris, Alcan et Rivière, 1920.

1924 une commission d'étude pour définir les contours du futur Conseil économique. Le 16 janvier 1925, le décret officialisant le CNE est signé par le président Gaston Doumergue. Il institue un organe consultatif regroupant les différentes forces sociales du pays, sans pouvoir contraignant mais avec une vocation à éclairer l'action publique. Le principe est critiqué à la fois par le patronat, qui y voit un cheval de Troie de la CGT dans l'État, et par les communistes, pour qui le CNE ne sera qu'une « vaste machine de guerre » pour « prêter main-forte au capitalisme international[12] ». Ce dernier argument, non dénué d'une certaine mauvaise foi, montre qu'existe déjà une crainte de l'instrumentalisation de l'institution.

Il faut attendre la loi de finances du 29 avril 1926 pour que le Conseil acquiert un début de fondement législatif, non sans difficultés car l'instance fait l'objet de vives critiques sur sa composition et sa légitimité, montrant la difficile articulation avec la démocratie représentative (voir chapitre 6). Le sénateur Ernest Billiet, en mandat depuis 1920 et représentant de l'Union des intérêts économiques (UIE, groupe de pression patronal qui finance de nombreuses campagnes politiques dans l'entre-deux-guerres), s'indigne de cette nouvelle expression démocratique :

> Il ressort (...) que ce sont des organes parasitaires qu'on veut créer. *(Très bien)*
> On a dit, en ce qui concerne le conseil national économique, que c'était un groupement de compétences, une réunion d'hommes représentant les principales corporations. C'est possible, mais je

12. *L'Humanité*, 22 août 1924.

> me permets, en raison de ma spécialisation en matière économique, de contester l'utilité économique du conseil que vous avez créé par décret. Je n'admets pas du tout cette multiplication de conseils et de commissions qui se substituent à l'État. Je défends des intérêts qui, certes, doivent être consultés, mais je ne suis point partisan de cette sorte de représentation officielle des intérêts. *(Très bien ! très bien !)*
>
> C'est, en réalité, un petit Parlement économique que l'on crée, sans l'avouer. Je ne sais pas encore et personne ne sait quel rôle exact on fera jouer à ce Parlement économique au petit pied. Ce qui n'est pas douteux, c'est que, déjà, il semble autorisé à saisir le Parlement de propositions de loi. Si cela est exact, c'est une nouvelle organisation parlementaire qui se glisse dans la République. *(Très bien !)*[13]

Cela est à la fois vrai et faux. Le CNE n'a pas saisi le Parlement de quoi que ce soit et n'a encore ni les ambitions ni les compétences d'un Parlement – contrairement au modèle allemand. Pour autant, cette idée n'est pas tout à fait étrangère aux conceptions de certains partisans de la démocratie sociale qui, sans aller jusqu'à la co-législation, appellent de leurs vœux une cogestion de certaines institutions ou secteurs économiques. Cette position de Billiet n'est pas très étonnante puisque l'instance représente, en quelque sorte, un partage de la « rationalité économique » avec les syndicats d'ouvriers ou de travailleurs indépendants. Et donc une perte relative d'influence pour le patronat (qui y voit toutefois aussi un moyen de prévenir le conflit social). Si l'invective de Billiet est logiquement saluée chez les libéraux et conservateurs,

---

13. *Journal officiel, Débats parlementaires, Sénat*, séance du 20 avril 1926, p. 935.

le président du Conseil Aristide Briand considère les débuts du CNE comme encourageants :

> Il se produit là, entre les représentants de la grande industrie, du commerce, de l'agriculture, des milieux ouvriers, des échanges de vue qui les amènent à des collaborations sur des sujets précis et sérieux. (...) L'institution a été créée, elle a fonctionné[14].

La loi est votée en prévoyant que : « Article 134 - Est autorisée la création, auprès de la présidence du Conseil, (...) d'un Conseil national économique. Une loi déterminera la composition et les attributions du Conseil national économique. » Autrement dit, on remet à plus tard la question de l'organisation globale et, surtout, la composition en sera décidée par le Parlement.

La création du CNE résulte donc d'une dynamique politique complexe, qui traduit la progression des idées liées à la démocratie sociale et à une représentation différente dans la société. Cela fait l'objet d'une sorte de rejet préalable de la part d'une partie des libéraux qui craignent l'entrisme politique du socialisme et y voient (là encore, à raison) un partage de l'influence économique, au-delà du seul patronat, avec les représentants des travailleurs. C'est davantage la volonté de gouvernants dits « réformistes », conscients de l'impossibilité de laisser ces « forces vives » en dehors du champ politique. Loin d'être un simple aboutissement logique des débats sur la représentation des intérêts, il est le fruit d'un compromis entre différentes conceptions de la démocratie et du rôle de l'État dans l'économie.

---

14. *Journal officiel, Débats parlementaires, Sénat*, séance du 27 avril 1926, p. 1027.

Dans sa forme originelle, le CNE est composé de 47 membres, qui représentent trois grands groupes : la population et la consommation ; le travail ; le capital. On notera la terminologie d'inspiration marxiste, qui tient probablement à l'influence de la CGT sur la mise en place du cénacle. Dans son rapport au Président Doumergue, le président du Conseil Édouard Herriot estime que les personnalités qui composent le CNE peuvent éclairer le gouvernement du fait de « leur compétence spéciale et technique » et car elles « [représentent] la pensée des grandes organisations professionnelles qui les auront déléguées au conseil[15] ». Cette double qualité (compétence et représentativité) est l'apport crucial de l'institution, du CNE devenu aujourd'hui CESE.

Le secrétariat général permanent est confié au Conseiller d'État Georges Cahen-Salvador, qui conservera cette fonction jusqu'en 1939. Outre les quatre sessions ordinaires annuelles, une commission permanente prépare les études et les avis (on appelle alors cela des « solutions »). Le gouvernement peut consulter le CNE sur tous les projets ou propositions de lois présentant un intérêt économique, mais le Conseil peut aussi se saisir lui-même de problèmes d'intérêt national ou international.

Dans un contexte où la crise de 1929 a ébranlé les économies européennes et plongé la France dans une instabilité économique profonde, le Conseil national économique (CNE) devient un observateur des mutations en cours. Chargé de répondre aux sollicitations du gouvernement, il se mue progressivement en une instance d'évaluation globale de la situation économique

15. *Journal officiel* de la République française du 17 janvier 1925, p. 698.

du pays, tentant d'éclairer les décisions publiques face à la tourmente qui frappe l'ensemble des secteurs d'activité.

Le 19 mars 1936, une réforme d'ampleur vient bouleverser la structure du CNE. La loi précisant son organisation est enfin votée. Vingt, puis vingt-cinq sections professionnelles couvrent les principales branches de l'économie nationale. Au sommet, une assemblée générale, forte de 173 membres, incarne la diversité des grands intérêts économiques du pays, du patronat aux organisations syndicales.

Avec l'élection du Front populaire et la grande vague de réformes sociales votées à l'été 1936, le CNE joue un rôle nouveau. Aux études traditionnelles qu'il mène sur le chômage, le crédit ou la structuration des marchés agricoles, s'ajoute une fonction essentielle dans l'application des nouvelles lois sociales. Bien que toujours consultatif, il devient un rouage incontournable dans la mise en œuvre des avancées majeures du droit du travail, telles que la semaine de 40 heures ou l'extension obligatoire des conventions collectives. Alors que la société française se transforme sous l'impulsion des grandes conquêtes ouvrières, le CNE s'affirme, non plus comme un observatoire, mais comme un acteur central de la modernisation sociale et économique du pays. Loin d'être un simple organe consultatif, le CNE devient un véritable instrument d'aide à la décision publique. C'est à ce moment charnière, davantage qu'en 1925, qu'il commence à préfigurer le rôle que jouera plus tard le CESE.

Il ne faut pas s'étonner, dès lors, que la destruction de cet outil de démocratie et de progrès social fasse partie des priorités d'un gouvernement autoritaire. Par un décret du 20 décembre 1940, Philippe Pétain décide de supprimer le Conseil national économique. Il est assez significatif que les régimes de ce type se dépêchent d'ignorer cette forme de représentation et cette légitimité.

En effet, les régimes fascistes, militaires ou populistes, ont toujours eu une relation hostile aux corps intermédiaires et à la démocratie sociale. Cela s'explique par une conception centralisée du pouvoir, qui repose sur l'idée que la souveraineté doit être exercée sans médiation entre le dirigeant et le « peuple ». Les corps intermédiaires sont perçus comme des obstacles à l'unité du pouvoir et à l'efficacité de l'action gouvernementale.

Cette hostilité repose sur une conception « décisionniste » du pouvoir, développée notamment par Carl Schmitt, l'un des théoriciens du droit de l'Allemagne de Weimar au moment de son tournant présidentialiste [16] puis sous le Troisième Reich. Selon lui, la souveraineté ne peut être fragmentée et seule l'autorité d'un chef capable de trancher sans entrave peut assurer la stabilité d'un régime. Une décision est légitime si elle est prise par une autorité légitime, nonobstant la hiérarchie des normes. Toute médiation entre le pouvoir et la société est perçue comme un frein à l'autorité et une source d'instabilité. Le chef détient la totalité de la souveraineté nationale, non divisée comme au Parlement, et, dit-on, au-dessus des *intérêts* particuliers que représentent les corps intermédiaires. Cette vision est diamétralement opposée à celle de la démocratie sociale, qui repose sur la pluralité des acteurs, la confrontation des intérêts et l'élaboration de compromis.

16. Johann Chapoutot, *op. cit.*, p. 115.

La suppression du CNE, qui permettait aux syndicats et aux représentants du monde du travail de peser sur la décision publique, s'inscrit donc dans une volonté plus large d'étouffer toute autonomie des corps intermédiaires.

Il est cependant assez ironique de constater que les régimes autoritaires gardent toujours une façade de dialogue social, un syndicalisme Potemkine contrôlé par l'État mais qui revêt hypocritement l'apparence – l'apparence seulement – d'un gage de démocratie. C'est l'hommage du vice à la vertu. Dans l'Italie fasciste, Mussolini met en place un système corporatiste où les employeurs et salariés sont théoriquement intégrés aux décisions économiques à travers des *corporazioni*. En réalité, ces structures sont entièrement contrôlées par l'État et ne laissent aucune place à une véritable négociation sociale. De même, en Espagne, la dictature franquiste instaure en 1940 les *Sindicatos Verticales*, qui remplacent les syndicats libres et placent le dialogue social sous la tutelle directe du régime.

En Allemagne nazie, la destruction des corps intermédiaires commence dès 1933. Les syndicats indépendants sont dissous et remplacés par le *Deutsche Arbeitsfront* (Front du travail allemand), une organisation unique censée représenter à la fois les travailleurs et les employeurs, mais dont la seule fonction réelle est de relayer la propagande du régime. Le pluralisme économique et social est ainsi annihilé au profit d'une autorité centralisée, qui dicte ses décisions sans opposition possible. La présidence est confiée à un proche d'Hitler, le *Reichsleiter* Robert Ley. Notoirement alcoolique et corrompu, il détourne l'argent des anciens syndicats dissous à son propre profit et à celui de ses proches.

Les dictatures communistes n'échappent pas à cette logique de contrôle absolu du pouvoir sur la société civile. En Union soviétique comme en Chine maoïste, les syndicats et les conseils économiques existent en apparence, mais sont totalement soumis au parti (unique, cela va sans dire), n'ayant aucune autonomie pour défendre réellement les intérêts des travailleurs. Lors de la Révolution culturelle (1966-1976), Mao élimine toute forme d'organisation indépendante au profit de comités de « mobilisation de masse » contrôlés par l'appareil d'État, renforçant ainsi un pouvoir vertical sans médiation.

Au-delà des dictatures du XXe siècle, cette incompatibilité entre démocratie sociale et autoritarisme se retrouve également dans des régimes d'extrême droite plus récents. En Hongrie, depuis son retour au pouvoir en 2010, Viktor Orbán a systématiquement affaibli les syndicats, la justice et les médias. Dès 2011, sa majorité a adopté une nouvelle Constitution qui a considérablement réduit l'indépendance du pouvoir judiciaire et le droit de grève. L'audiovisuel public s'est mué en organe inféodé au pouvoir, quand le reste du paysage médiatique privé est concentré dans les mains d'oligarques proches d'Orbán. On estime désormais que le parti au pouvoir, le Fidesz, contrôle environ 80 % de la surface médiatique du pays [17].

En Russie, Vladimir Poutine a placé sous contrôle l'ensemble des organisations syndicales et des corps intermédiaires. Dès le début des années 2000, les syndicats indépendants ont été marginalisés au profit de structures pro-gouvernementales regroupées au

17. https://rsf.org/fr/pays/hongrie

sein de la Fédération des syndicats indépendants de Russie (FNPR), étroitement liée au Kremlin. En 2006, la loi sur les ONG a imposé des contraintes drastiques à la société civile, exigeant notamment l'enregistrement obligatoire et le contrôle des financements étrangers. Depuis 2012, avec la loi sur les « agents étrangers » (des mots qui renvoient à l'imaginaire de l'espionnage et de la guerre froide), toute organisation perçue comme critique du pouvoir est menacée de dissolution. C'est en vertu de cette loi que l'ONG Memorial (Мемориал) de défense des droits de l'homme et des victimes de l'ère soviétique est dissoute en 2021. Ainsi, il n'existe plus aucun espace d'opposition organisée en dehors des structures directement contrôlées par l'État.

L'histoire montre que la mise sous tutelle des corps intermédiaires est un marqueur des dérives autoritaires, tandis que leur renforcement constitue un rempart contre la concentration du pouvoir. Les pays ayant su préserver ou renforcer une démocratie sociale solide ont montré une plus grande résilience face aux tentations autoritaires. La démocratie sociale, lorsqu'elle est autonome et puissante, peut constituer un véritable centre-pouvoir.

En Pologne, dans les années 1980, le syndicat Solidarność, dirigé par Lech Wałęsa, joue un rôle clé dans la chute du régime communiste. Il s'oppose frontalement au pouvoir en place, en mobilisant une force de contestation (alliée à l'Église catholique) qui ne peut être réprimée sans un coût politique considérable.

Plus récemment, en Tunisie, après la révolution de 2011, le Quartet du dialogue national, réunissant des syndicats, des organisations patronales et des groupes de la société civile, a œuvré à la transition démocratique, en structurant un dialogue pacifié entre les différentes forces du pays. Son rôle a été si déterminant dans la stabilisation de la transition démocratique que les quatre organisations composant le Quartet – l'Union générale tunisienne du travail (UGTT), l'Union tunisienne de l'industrie, du commerce et de l'artisanat (UTICA), la Ligue tunisienne des droits de l'homme (LTDH) et l'Ordre national des avocats de Tunisie – ont reçu le prix Nobel de la paix en 2015. Cependant, la situation actuelle en Tunisie illustre les défis persistants auxquels la démocratie sociale est confrontée face aux tendances autoritaires. Depuis son élection en 2019, le président Kaïs Saïed a progressivement concentré les pouvoirs. En juillet 2022, une nouvelle Constitution a été adoptée par référendum, renforçant considérablement les prérogatives présidentielles. Ce référendum a été marqué par une forte abstention, avec seulement 28 % de participation, le chiffre le plus bas pour un suffrage depuis la révolution de 2011. Année après année, l'influence de la société civile et le rôle des contre-pouvoirs recule.

*

Après la Seconde Guerre mondiale, le Conseil national économique a été remplacé de 1946 à 1958 par le Conseil économique et à partir de 1958 par le Conseil économique et social, auquel fut adjoint la perspective environnementale en 2008 (voir chapitre 5).

La démocratie sociale est un antidote aux dérives autoritaires. Elle maintient un espace de dialogue et de contestation institutionnalisé, qui empêche le pouvoir de devenir absolu et de se soustraire à toute forme de négociation avec la société. En permettant aux citoyens et aux organisations représentatives de peser durablement sur les décisions publiques, ces dispositifs évitent que le débat démocratique ne se réduise à une opposition binaire entre une élite technocratique et des mouvements populistes.

Chapitre II

Le citoyen oublié dans la décision publique

L'idée de citoyenneté dans la démocratie moderne repose sur le concept, hérité des Lumières, d'individu autonome. Ce principe trouve son fondement dans la théorie du sujet moderne développée par Kant, lui-même inspiré par Rousseau.

Rousseau[1] conçoit l'autonomie comme la capacité de l'individu à consentir librement à la loi prescrite, dans le cadre du contrat social, où la liberté véritable ne réside pas dans l'absence de contraintes mais dans l'adhésion collective à une volonté générale rationnelle. Kant[2] fonde, quant à lui, l'autonomie sur la raison morale, affirmant que l'homme est libre lorsqu'il agit selon des lois universelles qu'il se donne à lui-même par un usage éclairé de sa raison, sans être soumis à des déterminismes extérieurs.

Ces deux visions se rejoignent dans l'idée que la véritable liberté ne consiste pas à faire ce que l'on veut, mais à se gouverner soi-même en suivant une loi universelle. Toutefois, ces conceptions restent des exercices de pensée, parfois sans lien avec la réalité de la pratique politique démocratique. Cette vision atomisée de l'individu conduit à une fragmentation, symbolique ou réelle, de la société, qui ne nous laisse d'autre choix que d'inventer une nouvelle unité collective, elle aussi spéculative,

1. Jean-Jacques Rousseau, *Du Contrat social*, 1762.
2. Emmanuel Kant, *Fondements de la métaphysique des mœurs*, 1785

représentée par le concept de « peuple ». Comme le souligne assez justement Pierre Rosanvallon, cela est notamment à l'origine de discours populistes qui se proposent de restaurer la volonté du peuple et sa souveraineté, mais qui se réduisent souvent à une instrumentalisation des affects politiques[3].

Dans son acception libérale, la citoyenneté se borne trop souvent à l'exercice périodique du vote, un geste qui, bien qu'essentiel, ne saurait constituer à lui seul l'expression pleine et entière de la volonté populaire. Le suffrage universel a bien été une conquête majeure (1848 pour les hommes, 1944 pour les femmes), mais il est aujourd'hui insuffisant pour garder notre démocratie vivante : voter tous les cinq ou six ans pour des représentants ne permet pas d'avoir une prise réelle sur les décisions publiques. D'autant plus que ces représentants, une fois élus, ont mécaniquement tendance à se déconnecter des demandes citoyennes (avec, notamment, l'interdiction du mandat impératif), ce qui alimente une crise de l'engagement. Ceux qui s'en satisfont lâchent la proie pour l'ombre et se font les défenseurs d'un modèle dégradé de gouvernance démocratique.

Le « peuple » est un concept indépassable et introuvable, mais aussi un défi dans les démocraties modernes. Quel rapport le gouvernement doit-il entretenir avec lui ? On pourrait scolairement résumer le débat à l'opposition entre la pensée de Walter Lippmann, partisan d'un gouvernement des experts fondé sur une approche cynique des passions individuelles[4], et celle de

3. Pierre Rosanvallon, *Le Peuple introuvable*, 1998.
4. Walter Lippmann, *Public Opinion*, 1922.

John Dewey, qui mise sur la conversation démocratique, l'intelligence collective et l'expérimentation pragmatique[5]. Lippmann considère que l'opinion publique est trop malléable et influencée par des préjugés pour jouer un rôle politique sérieux. Il défend donc une démocratie dirigée par des élites compétentes. Dewey, en revanche, pense que la démocratie est un processus en perpétuelle construction et que les citoyens peuvent apprendre à bien délibérer s'ils sont placés dans les bonnes conditions.

Entre ces deux approches, il faut résolument prendre parti pour Dewey. L'idée que le citoyen ordinaire serait aveugle et incapable de réflexion politique est une vision élitiste, réductrice de la démocratie et contredite par les faits.

Le « citoyen sentimental » n'est pas l'antithèse du citoyen éclairé : il en est une version plus complète, capable de relier affect et jugement pour s'engager de manière lucide dans l'espace public. Dans son essai sur le sujet, George E. Marcus remet en question la traditionnelle opposition entre raison et émotion en politique[6]. S'appuyant sur les apports des sciences cognitives, il défend l'idée que les émotions ne sont pas des obstacles à la rationalité, mais au contraire ses fondements préconscients. Loin de perturber le jugement, l'anxiété ou l'inquiétude peuvent, selon lui, inciter les citoyens à adopter une posture réflexive. Ainsi, l'émotion devient un moteur d'engagement, de vigilance démocratique, de délibération critique et informée.

5. John Dewey, *The Public and Its Problems*, 1927.
6. George E. Marcus, *Le Citoyen sentimental*, Presses de Sciences Po, 2008.

Le débat public est souvent biaisé par des intérêts économiques et médiatiques, mais cela ne signifie pas qu'il faille en exclure les citoyens : au contraire, il faut renforcer leur capacité d'analyse et leur accès aux informations pertinentes. La démocratie ne peut être captée par les seuls techniciens mais doit être un processus d'apprentissage collectif, où les citoyens, par la discussion et l'expérimentation, développent leur capacité à co-construire le bien commun. Comme le souligne Dewey, la démocratie n'est pas simplement une forme de gouvernement, mais un mode de vie, une « forme d'association morale et spirituelle[7] ». Martha Nussbaum[8] s'interrogeait sur cet *ethos* démocratique qu'envisage Dewey, dont elle tente de décrire les principes fondamentaux. Citons notamment « le respect et l'attention » ; « la capacité à dépasser les intérêts locaux pour affronter les problèmes mondiaux » et « la capacité à imaginer avec empathie la difficulté d'autrui » (elle souligne notamment le rôle de l'art pour nourrir la capacité d'empathie) ; et la capacité à construire une pensée critique. Nussbaum propose, sur ce dernier point, de développer les ateliers de philosophie à l'école, car la réflexion est aussi une habitude, une méthode. Il est d'usage d'invoquer, dans cette réflexion, la figure de Socrate. Il me semble que l'idéal socratique que diffuse Dewey est une synthèse entre un rapport humble voire sceptique au savoir, une certaine rigueur presque stoïcienne, et une ouverture à l'expérience

7. Dans son article « L'éthique de la démocratie », 1888 (traduction de J. Zack, 2018, p. 52).

8. Martha Nussbaum, *Les émotions démocratiques. Comment former le citoyen du XXIe siècle ?*, Climats, 2011, p. 15.

immédiate[9]. C'est l'élégant pont que l'on peut construire entre l'*ethos* démocratique et la philosophie pragmatique de Dewey, qui valorise les essais et expériences.

*

La société civile apparaît comme un espace intermédiaire essentiel, un médiateur entre les citoyens constitués en « peuple » et l'État. Elle désigne l'ensemble des institutions, des associations, des syndicats, des médias et plus largement des formes d'engagement collectif qui échappent au contrôle direct de l'État tout en structurant la vie sociale et politique. Contrairement à l'état de nature, où les individus agissent sans règles collectives ni médiations institutionnelles, la société civile suppose un cadre normatif et relationnel qui permet la coexistence organisée des individus. Elle se distingue également de la religion, en ce qu'elle repose sur des principes séculiers et pratiques plutôt que sur des dogmes transcendants. Enfin, elle ne se confond pas avec l'État : si ce dernier représente le pouvoir souverain et la légalité institutionnelle, la société civile représente quant à elle la pluralité, l'autonomie des individus et la critique démocratique. Pierre Rosanvallon rappelle que la société civile constitue un contre-pouvoir essentiel dans les démocraties contemporaines. Elle permet de faire vivre la légitimité démocratique en dehors des seules procédures électorales, en donnant une

9. J'y vois d'ailleurs un lien avec la lecture de Platon par Montaigne. Sur ce point, voir les actes du Colloque sur *Le Socratisme de Montaigne*, dir. T. Gonthier et S. Mayer, Classique Garnier, Paris, 2010.

voix aux attentes sociales, aux conflits d'intérêt et aux formes d'expertise citoyenne qui ne trouvent pas toujours place dans les canaux institutionnels formels[10]. Toutefois, le rôle des structures existantes est limité par le désenchantement croissant des citoyens envers les institutions, notamment celles qu'ils jugent les plus éloignées. On observe un phénomène paradoxal : plus l'échelon institutionnel est local, plus la confiance est forte. À l'inverse, les institutions nationales ou supranationales sont perçues comme abstraites et inaccessibles. Les raisons avancées pour ce manque de confiance dans les institutions sont diverses : le manque de temps, la complexité des dispositifs participatifs, les manipulations électorales (réelles ou fantasmées), ainsi qu'un sentiment de dépossession démocratique face à une élite politique perçue comme éloignée des réalités populaires.

Les manipulations électorales réelles sont un facteur supplémentaire d'affaiblissement de la confiance citoyenne. L'un des exemples les plus flagrants est le *gerrymandering*, une pratique utilisée principalement aux États-Unis, qui consiste à redécouper les circonscriptions électorales de manière à avantager un parti. Cela conduit par ailleurs à une restriction de l'impact du vote des minorités noires et hispaniques par les découpages électoraux. On assiste aussi de manière très préoccupante, toujours aux États-Unis, à la hausse d'une discrimination plus directe encore dans l'accès aux urnes. Les quartiers les plus pauvres (et donc avec une plus forte concentration de populations issues de minorités

10. Pierre Rosanvallon, *Le modèle politique français. La société civile contre le jacobinisme de 1789 à nos jours*, Points, 2006.

ethniques) disposaient déjà historiquement de moins de bureaux de vote et de moins de main d'œuvre (souvent bénévole) pour organiser les scrutins. Entre 2017 et 2024, dans 43 États américains sur 50, les parlementaires républicains ont déposé des projets visant à restreindre *de facto* le droit de vote, au nom de la lutte contre la fraude électorale, par exemple en rendant plus complexe l'inscription sur les listes électorales [11]. En 2021, le parlement (à majorité républicaine) de l'État de Géorgie a même fait passer une loi interdisant la distribution d'eau ou de nourriture dans les files d'attente des bureaux de vote, qui peuvent être parfois longues de plusieurs heures dans les quartiers populaires [12]. Si la pratique anti-démocratique du pouvoir par Donald Trump n'est plus à prouver (notamment avec le recours abusif aux décrets présidentiels, les rafles anti-migrants ou la purge de l'administration par le *DOGE*), cela fait donc déjà un certain nombre d'années que le *Grand Old Party* œuvre à saper les fondements du suffrage [13].

Les études sur le désengagement des classes populaires montrent que la défiance est particulièrement forte dans les milieux les plus précaires. Non seulement ces citoyens votent

11. Michael Waldman, « The Push to Restrict Voting Rights Continues », *Brennan Center for Justice*, 9 février 2022.

12. Nick Corasaniti, « Georgia G.O.P. Passes Major Law to Limit Voting Amid Nationwide Push », *The New York Times*, 3 avril 2021.

13. Sur ce sujet, et avec une mise en perspective historique sur le droit de vote noir aux États-Unis, voir le très bon article de Cécile Guérin-Bargues, « De l'interdiction à la restriction du droit de suffrage des Noirs aux États-Unis. Retour sur une histoire singulière », *La Revue des droits de l'homme*, nº 22, 2022.

moins, mais ils se sentent aussi exclus des débats publics. Et lorsqu'ils votent, ils se reportent davantage sur les candidats considérés, à tort ou à raison, comme antisystèmes. Cécile Braconnier et Jean-Yves Dormagen évoquent également une manière moins visible de s'éloigner de la politique dans les classes populaires, même lorsqu'elles continuent de voter[14]. Selon eux, le sentiment d'incompétence concernant les enjeux (qu'on observe d'ailleurs jusque dans la jeunesse diplômée des centres-villes, N.d.A.) ou la désillusion vis-à-vis des politiques peuvent autant conduire à de l'abstention qu'à des votes sans lien avec les idées. Prennent alors le relais un comportement mimétique des différents cercles sociaux (travail, famille, amis), de la classe sociale ou de l'« ethnie », ainsi qu'une appréciation liée à des facteurs superficiels comme l'apparence ou les discours. Cela ne signifie pas que ces variables ne jouent pas sur le vote en général, même chez les personnes intéressées par la politique, bien au contraire même. Mais plus on s'éloigne du sentiment que notre voix à un impact, plus ces comportements deviennent des facteurs explicatifs forts.

Leurs travaux mettent également en évidence la manière dont les écarts se sont amplifiés entre les catégories sociales votantes et non votantes, notamment selon l'âge (entre les élections présidentielles de 2007 et 2017 en France, l'écart de participation a été multiplié par deux entre les 65-69 ans – catégorie qui vote le plus – et les 25-29 ans – qui vote le moins), la

14. Cécile Braconnier et Jean-Yves Dormagen, *La démocratie de l'abstention*, Paris, Folio Gallimard, 2007.

catégorie socioprofessionnelle (l'écart a également doublé entre les cadres supérieurs et professions intellectuelles d'un côté, et les ouvriers de l'autre) et le niveau d'études (les deux dernières dimensions étant évidemment liées)[15].

Le concept de « cens caché »[16] décrit la manière dont certains mécanismes excluent de fait une partie de la population de la participation politique. Ces mécanismes ne sont plus juridiques comme au XIXe siècle, mais culturels, sociaux et économiques. Ils opèrent par le biais de barrières invisibles : une maîtrise inégale des codes politiques, un temps disponible très variable selon la position sociale, et une pratique du pouvoir qui reste largement confinée aux franges culturellement et économiquement datées. Ce phénomène produit un effet pervers : alors que la démocratie devrait être le régime de tous, elle tend à rendre la participation plus difficile pour les plus précaires. Les groupes sociaux les plus défavorisés, qui ont pourtant le plus à gagner d'une politique publique efficace, sont aussi ceux qui participent le moins aux débats et aux institutions qui les concernent.

L'exclusion des citoyens de la démocratie résulte aussi de mécanismes systémiques de captation de la décision publique. Premier type de captation : la technocratisation du pouvoir qui caractérise la gouvernance moderne. On a laissé perdurer l'idée que les grandes orientations politiques seraient des

15. Céline Braconnier, Céline, Baptiste Coulmont, Jean-Yves Dormagen, « Toujours pas de chrysanthèmes pour les variables lourdes de la participation électorale », *Revue française de science politique*, 2017/6, p. 1023-1040.
16. Daniel Gaxie, *Le Cens caché*, 1978.

questions avant tout techniques, qu'il existerait de « meilleures solutions » que seuls des experts pourraient comprendre. Cet argument a servi à neutraliser le débat démocratique sur de nombreuses politiques publiques : austérité budgétaire, réformes fiscales, organisation des services publics, etc. Ce « savoir technique » est en fait un choix politique. Le débat sur la réforme des retraites en France en est un bon exemple. Il est souvent présenté comme une simple « question d'équilibre budgétaire » alors qu'il s'agit fondamentalement d'un arbitrage politique sur la répartition des richesses, le mode de financement et le modèle de société souhaité.

Dans cette perspective, une lecture du rôle des élites dites « raisonnables » dans le verrouillage du débat démocratique est proposée par Pierre Serna. Son concept d'extrême-centre[17] désigne cette tendance politique qui, sous prétexte de modération et de pragmatisme, exerce un pouvoir excluant toute contestation réelle, neutralisant le conflit politique, dépolitisant les enjeux sociaux et assimilant toute opposition à une forme d'irrationalité ou de danger. Lorsque des gouvernements justifient leurs réformes économiques ou leurs mesures sécuritaires par des impératifs techniques supposément indiscutables, c'est un frein de fait à la délibération collective. Serna rejoint en cela la critique de Dewey contre Lippmann : un gouvernement dominé par des experts et des élites « raisonnables » ne garantit pas une démocratie vivante, mais au contraire une captation du politique par des cercles fermés.

---

17. Pierre Serna, *L'Extrême Centre ou le poison français : 1789-2019*, Champ Vallon, 2019.

Autre captation : les intérêts particuliers (qui n'ont rien à voir, nous le verrons, avec la démocratie sociale). Si, dans une démocratie idéale, les décisions publiques devraient résulter d'un débat ouvert et éclairé, l'orientation des politiques est souvent dictée par le poids des intérêts. Des intérêts politiques d'un côté (répondre à une clientèle électorale donnée, acquérir une position de pouvoir). Des intérêts économiques de l'autre. Le lobbying, lorsqu'il est régulé, peut participer du débat permanent démocratique. D'ailleurs, sa forme moderne, avec des registres de transparence notamment, est plutôt un progrès. Le lobbying est un phénomène d'ampleur aujourd'hui : il y a environ 50 000 lobbyistes travaillant aujourd'hui à Bruxelles, dans les différentes institutions européennes. L'influence de l'industrie pharmaceutique sur les politiques de santé ou celle des entreprises pétrolières sur la régulation environnementale sont, par exemple, bien documentées[18].

Contrairement aux mécanismes institutionnels de la démocratie sociale, qui reposent sur la représentation formelle et encadrée des travailleurs, des syndicats, des organisations patronales, des associations et d'autres corps intermédiaires, une partie du lobbying s'opère dans l'ombre, sans mandat public explicite et sans obligation de rendre des comptes aux citoyens. Lorsqu'il est transparent et réglementé, il participe, avec la démocratie sociale, à une logique de délibération collective et d'intérêt général, en cherchant à organiser la pluralité des voix et à équilibrer les rapports de force sociaux. Mais lorsque ses représentants et ses intérêts sont dissimulés, le lobbying repose sur l'influence asymétrique

18. Transparency International, *Rapport sur le lobbying*, 2021.

d'acteurs disposant de ressources considérables (comme les géants du numérique par exemple), notamment financières. Il vise non pas à structurer un dialogue ouvert entre parties prenantes, mais à orienter la décision publique dans un sens favorable à des intérêts particuliers, parfois au détriment de l'intérêt général. Les scandales de corruption liés à l'influence contribuent d'ailleurs à affaiblir la légitimité des institutions dans leur ensemble[19]. En d'autres termes, si la démocratie sociale est un mécanisme de co-construction et de légitimation des décisions publiques, la captation privative de l'influence réduit les citoyens au rang de spectateurs passifs d'un jeu politique biaisé. La confusion entre ces deux formes d'influence est donc un piège rhétorique : défendre la démocratie sociale, ce n'est pas accepter la prééminence des intérêts privés et particuliers, mais au contraire promouvoir des formes d'organisation où les intérêts collectifs sont explicitement représentés et encadrés par des procédures transparentes.

19. Comme le *Qatargate*, révélé le 9 décembre 2022, qui a touché Eva Kaïli, vice-présidente du Parlement européen.

Chapitre III

Corps intermédiaires, défiance et engagement : repenser la participation

La démocratie représentative repose sur un lien de confiance entre gouvernés et gouvernants, qui est à la fois la condition et le ciment des sociétés modernes. Ce lien, historiquement renforcé par les corps intermédiaires (syndicats, entreprises et employeurs, associations, conseils économiques et sociaux), joue un rôle clé dans la structuration du débat public et la médiation des intérêts collectifs.

Il est peut-être utile à ce stade de donner les contours historiques et théoriques de ce qu'on qualifie de « corps intermédiaires », qui recouvrent une grande variété d'organisations et de structures qui assurent une médiation entre l'État et les citoyens en représentant des groupes d'intérêts spécifiques. Leur rôle remonte à l'Ancien Régime, où les corporations et guildes régulaient les professions, les groupes sociaux ou religieux, représentaient les intérêts des propriétaires ou des marchands, défendaient les biens et les personnes, et négociaient parfois avec le pouvoir royal. Bien avant que cela soit reconnu dans le droit, leur rôle et leurs revendications étaient déjà éminemment politiques. En France, c'est essentiellement dans les villes de Picardie, de l'Artois ou de Flandre que les corporations obtinrent les premières chartes d'émancipation de la part de leurs seigneurs. Dans son *Histoire des corporations*, l'historien Étienne Martin Saint-Léon raconte que :

> Cambrai, Noyon, Saint-Quentin, Laon avaient les premières levé le drapeau de la révolte et forcé l'autorité impériale, royale ou épiscopale à reconnaître leurs droits. L'affranchissement politique devait avoir pour conséquence l'établissement ou plutôt le rétablissement d'une organisation municipale et une des bases mêmes de cette organisation devait être la corporation [1].

Les corporations de villes (la situation de la campagne est assez différente) sont donc même à l'origine d'un pouvoir « municipal » (à Rome, les « municipes » sont les villes conquises auxquelles on conférait une relative autonomie politique).

Avec la Révolution française, ces structures furent abolies en raison de leur caractère exclusif et hiérarchique, jugé incompatible avec les principes d'égalité et de libre concurrence portés par les révolutionnaires. La loi Le Chapelier de 1791 interdit ainsi les corporations et toute forme d'association professionnelle, estimant qu'elles constituaient un obstacle à l'émancipation individuelle et à l'unité de la Nation. Cette suppression visait à démanteler les privilèges de certaines professions et à empêcher toute organisation collective susceptible de contester l'autorité de l'État. Toutefois, cette interdiction laissa un vide dans la représentation des travailleurs et des métiers, un vide qui ne sera comblé qu'au XIXe siècle avec l'essor du syndicalisme et des premières institutions du dialogue social. Malgré l'interdiction des associations professionnelles, des sociétés de secours mutuel

1. Étienne Martin Saint-Léon, *Histoire des corporations de métiers depuis leurs origines jusqu'à leur suppression en 1791, suivie d'une étude sur l'évolution de l'idée corporative de 1791 à nos jours et sur le mouvement syndical contemporain*, Paris, F. Alcan, Deuxième édition, 1909.

et des coopératives ouvrières émergent pour défendre les travailleurs face à l'industrialisation et aux abus du patronat. En 1864, la loi Ollivier met fin au délit de coalition, permettant aux ouvriers de se regrouper pour défendre leurs intérêts. La loi Waldeck-Rousseau de 1884 consacre enfin la légalité des syndicats, marquant une étape décisive vers une démocratie sociale organisée. À partir du XXe siècle, les syndicats et les chambres de commerce s'intègrent progressivement aux processus de négociation collective.

Ainsi, là où les corporations médiévales structuraient les rapports de travail sous un contrôle hiérarchique strict, le syndicalisme moderne et les institutions du dialogue social ont cherché à organiser la conflictualité et à donner une place formelle aux revendications collectives dans la construction des politiques publiques.

Aujourd'hui, les corps intermédiaires incluent également des associations ou des organismes paritaires ou consultatifs. Ils jouent un rôle central dans la démocratie sociale en structurant les revendications collectives et en permettant un équilibre dans certains rapports de force économiques, sociaux ou politiques.

Les corps intermédiaires participent donc au lien entre les gouvernés et les gouvernants. Entre ces deux pôles schématiques, si les seconds ne veulent pas être renversés par les premiers, il doit y avoir un lien, plus ou moins fort, de confiance. Cela est plus important encore dans les régimes démocratiques, où les votes périodiques matérialisent cette confiance. Le pouvoir est *confié* aux gouvernants, qui se *fient* aux gouvernés pour appliquer les règles prescrites pour la vie en société. Dans les faits, la confiance n'est jamais totale, puisque les gouvernants mettent en place des régimes de sanction, et que les gouvernés encadrent le pouvoir des gouvernants afin qu'ils ne puissent pas en abuser. Mais au-delà du lien théorique entre le pouvoir et ceux sur lesquels il s'exerce, la confiance est au fondement de tout groupe social. Le sociologue Georg Simmel considère qu'il s'agit d'« une des forces de synthèse les plus importantes au sein de la société[2] ». De synthèse, autrement dit, de dépassement des individualités potentiellement divergentes, pour la construction d'une part de commun. C'est une des forces fondamentales de la cohésion sociale. David Hume[3], pour qui la société est un ensemble de liens qui reposent sur la confiance, ou Montaigne[4], qui insistait sur l'importance de la parole donnée et de la fiabilité pour maintenir les liens entre les citoyens, ne disaient pas autre chose.

En démocratie, la face émergée de cette confiance est la participation active des citoyens aux processus décisionnels, qu'ils soient électoraux ou délibératifs. Or, cette participation démocratique est très inégalement répartie selon des critères économiques, sociaux et culturels. Les citoyens les plus diplômés et les plus aisés sont généralement plus engagés politiquement, tandis que les classes populaires et les jeunes participent moins, relayant parfois un sentiment de dépossession démocratique. Pourtant, les conventions citoyennes, notamment celle pour le

2. Georg Simmel, *Sociologie. Études sur les formes de la socialisation*, 1908 (PUF, 1999).

3. David Hume, *Enquête sur les principes de la morale*, 1751.

4. Montaigne, *Essais*, II, 18, 1580.

climat et celle sur la fin de vie, ont démontré que lorsque les conditions de délibération sont réunies – information accessible, échanges équilibrés – la diversité des participants peut être atteinte et la démocratie enrichie. Ces deux enjeux de société ont ensuite fait l'objet de traductions législatives accompagnées de riches débats parlementaires.

Le sursaut citoyen par lequel une pétition contre la loi dite « Duplomb », lancée sur le site de l'Assemblée Nationale en dehors de toute démarche partisane et même associative, a été massivement signée à l'été 2025, témoigne qu'une forte volonté d'engagement subsiste dans la population, notamment sur des questions aussi cruciales pour notre avenir que l'environnement.

Malgré les critiques envers les systèmes et personnalités politiques et la défiance vis-à-vis des institutions en général, le vote demeure l'expression majeure de la souveraineté populaire, aussi bien du point de vue de la fréquence d'expression que du nombre de personnes concernées. Si le niveau de l'abstention semble en hausse constante et préoccupante dans tous les types d'élections (avec quelques exceptions comme lors des élections législatives de 2024), les abstentionnistes systématiques, qui ne participent jamais à aucun scrutin, représentent que 10 à 15 % des électeurs[5], avec des niveaux cependant assez préoccupants chez les plus jeunes. Le comportement le plus répandu est en fait plutôt le vote intermittent, d'après les chiffres de l'INSEE :

5. 16 % des inscrits n'ont pas participé aux élections nationales de 2022. Voir Kilian Bloch (INSEE), « Élections présidentielle et législatives de 2022 : seul un tiers des électeurs a voté à tous les tours », *INSEE Première*, n° 1928, novembre 2022.

Voter la même année à tous les tours des élections nationales (présidentielle et législatives) était le comportement de vote dominant lors des élections de 2002 à 2012 (48 % ou plus des inscrits sur les listes électorales). Depuis 2017, le vote intermittent dépasse désormais le vote systématique (respectivement 47 % et 37 % des inscrits en 2022[6]).

Ce constat peut également être fait chez nos voisins européens (sauf bien sûr chez ceux, comme la Belgique ou la Suisse, qui ont rendu le vote obligatoire). C'est un phénomène qui doit être analysé de manière différente de l'abstention totale. La sociologue politique Anne Muxel y voyait dès 2008, alors que l'ampleur du phénomène était bien moindre, une « réponse électorale à part entière » des citoyens, qui peut « servir à exprimer leur malaise à l'égard d'une offre politique jugée insatisfaisante ou encore une sanction à l'encontre des Gouvernements sortants[7] ». De manière contre-intuitive, la non-participation est parfois un des moyens de la participation. Cela peut et doit s'inscrire dans une réflexion sur les nouveaux modes d'expression démocratique.

Car si la participation recule dans les élections, elle demeure vive dans des espaces plus informels. De plus en plus, les citoyens privilégient des actions ponctuelles, locales ou thématiques : marches pour le climat, pétitions en ligne, mobilisations associatives, boycott, désobéissance civile. Cette évolution traduit une

---

6. Élisabeth Algava, Kilian Bloch (INSEE), « Vingt ans de participation électorale : en 2022, les écarts selon l'âge et le diplôme continuent de se creuser », *INSEE Première*, n° 1929, novembre 2022.
7. Anne Muxel (CEVIPOF), « Abstention : défaillance citoyenne ou expression démocratique ? », *Cahiers du Conseil constitutionnel*, n° 23, février 2008.

mutation du rapport à la politique : au lieu d'un engagement institutionnel et partisan, c'est une démocratie d'interpellation qui s'impose parfois, où les citoyens contestent et influencent ponctuellement des décisions sans forcément adhérer à une structure politique traditionnelle. Dans des contextes de gouvernance parfois inévitablement technique, qui alimente le sentiment d'une érosion du pouvoir du vote, il s'agit peut-être donc moins de peser sur le long terme que de contraindre les décideurs à réagir à des mobilisations ciblées. C'est ce qu'a illustré le mouvement des Gilets jaunes en France, qui, bien que dépourvu de structuration partisane, a su imposer le débat sur la fiscalité carbone et les inégalités territoriales. De même, les marches pour le climat ont pu pousser les gouvernements à inscrire l'urgence environnementale à leur agenda, malgré des réticences politiques ou économiques.

Pour surmonter ces paradoxes et réconcilier citoyens et institutions, il est essentiel de repenser les outils de participation démocratique.

Si la participation citoyenne est aujourd'hui davantage mise en avant par les institutions, elle demeure largement cantonnée à une fonction consultative. Derrière les appels à la concertation et les dispositifs participatifs, trop d'initiatives ne sont qu'un simulacre de dialogue, destiné à donner l'illusion d'une prise en compte des aspirations populaires tout en conservant un modèle décisionnel largement vertical. L'étude critique menée en 1969 par Sherry Arnstein dans *Une échelle de la participation citoyenne* met en évidence cette réalité en distinguant plusieurs degrés d'engagement démocratique et de qualité de la participation. En bas de cette gradation, il y a la pure formalité (une simple mise en scène où les citoyens sont conviés à exprimer leur avis sans que celui-ci n'ait la moindre incidence sur les décisions finales). Au milieu, la consultation où l'opinion publique est entendue mais rarement suivie d'effets. Au sommet, la co-construction des politiques publiques, une véritable démocratie participative où les citoyens influencent réellement les orientations collectives.

En France, outre le CESE, plusieurs dispositifs permettent d'associer les citoyens à la prise de décision et le paysage institutionnel regorge d'exemples où la critique d'Arnstein se vérifie. L'article 7 de la Charte de l'environnement de 2004 consacre le droit des citoyens à être informés et consultés sur les décisions ayant un impact sur leur cadre de vie. Des dispositifs comme les enquêtes publiques, les débats organisés par la Commission nationale du débat public (CNDP) ou les consultations numériques sur les projets de réglementations ayant des incidences sur l'environnement ont ainsi été mis en place afin d'intégrer l'avis des citoyens dans les décisions en matière d'environnement (qu'il s'agisse d'aménagement du territoire, d'agriculture, de biodiversité, d'eau ou de pollutions industrielles).

Le bilan qui peut être tiré de ces garanties nouvelles (et de la jurisprudence afférente du Conseil d'État et du Conseil constitutionnel) est en demi-teinte. Ainsi que le souligne le professeur de droit public Julien Bétaille, ces garanties « restent limitées par une approche formelle de la participation du public. (...) Les procédures de participation actuelles ont été pensées comme un simple déversoir pour les observations du public. Elles ne sont pas le lieu d'un échange discursif entre l'ensemble des parties prenantes, c'est-à-dire les citoyens, les associations, les porteurs de projets et l'administration[8]. » Plus qu'une délibération, c'est donc davantage une « association » du public[9]. On se trouve donc en bas de l'« échelle de la participation citoyenne » de Sherry Arnstein.

L'idée qu'une bonne délibération passe par un échange d'arguments est centrale pour comprendre l'insuffisance des dispositifs actuels. Il n'y a pas d'échange entre les participants (ou alors marginalement, en répondant au commentaire d'un autre, qui n'est lui-même pas informé de cette réponse), entre les participants et les porteurs de projets, ou avec l'administration. Aucune procédure ne prévoit en effet que celle-ci prenne part à la discussion. « Cela peut apparaître comme une anomalie car, *in fine*, c'est bien elle qui assume la responsabilité d'autoriser un projet ou d'adopter un acte réglementaire. On pourrait s'attendre à ce qu'elle puisse, voire qu'elle doive répondre aux commentaires du public au cours de la procédure de participation, ce qui permettrait alors au public de répliquer, et ainsi de suite, dans une forme de dialogue argumentatif continu[10]. »

Cette lecture très limitative et formaliste des principes de démocratie participative par le législateur et l'administration est d'ailleurs à l'image de celle proposée par les juges. Si le Conseil

8. Julien Bétaille, « Les garanties de la participation du public vingt ans après la Charte de l'environnement », *L'Actualité juridique. Droit administratif*, n° 10, 2025.

9. Sébastien Saunier, « L'association du public aux décisions prises par l'administration », *L'Actualité juridique. Droit administratif*, n° 43, 2015, p. 2426.

10. Julien Bétaille, *op. cit.*

d'État veille à ce que les citoyens puissent effectivement formuler des observations, il semble moins intéressé par la prise en compte de ces observations. Il considère par exemple qu'un défaut de publication de synthèse des observations du public (que la loi prévoit pourtant) ou l'absence de motivation d'un acte soumis à participation n'ont pas d'incidence sur la légalité d'un acte[11]. Le Conseil constitutionnel considère curieusement quant à lui qu'« une disposition législative ne constitue pas une décision publique au sens de l'article 7 de la Charte de l'environnement[12] ». Julien Bétaille souligne justement que :

> Non seulement un tel refus d'appliquer le droit à la participation aux actes législatifs n'a rien d'évident, mais le Conseil constitutionnel a, en l'espèce, rendu cette décision à propos d'une loi dont une partie du contenu faisait l'objet d'un débat public au moment de son adoption par le Parlement. L'adoption de la loi sans attendre la fin de ce débat l'avait ainsi rendu sans objet. La position du Conseil constitutionnel reflète ainsi une vision selon laquelle la participation du public ne serait pas compatible avec les mécanismes classiques de la démocratie représentative[13].

Dans bien des cas, l'avis du public est recueilli sans qu'aucune garantie ne soit apportée quant à sa prise en compte effective dans la décision finale, renforçant ainsi le sentiment que le pouvoir ne se partage pas avec des citoyens qui s'engagent pourtant loyalement et

---

11. Conseil d'État, 11 oct. 2023, nº 454045, *SESAM LLD* ; Conseil d'État, 19 avr. 2013, nº 364498, *Pernet*.

12. Conseil constitutionnel, 21 juin 2023, nº 2023-851 DC.

13. Julien Bétaille, *Op. cit.*

par des moyens légaux sur ces sujets. Cela permet ensuite d'affirmer que « les citoyens ont été entendus », que « la démocratie a parlé » dès lors que les *procédures* (concertations, enquêtes, consultations en ligne, etc.) ont été respectées. Les personnes qui continueraient de s'opposer (que ce soit à Notre-Dame-des-Landes ou à l'autoroute A69 Toulouse-Castres) ne formeraient alors plus qu'une « minorité agissante » bafouant la démocratie, des agitateurs professionnels. La démocratie participative est donc non seulement un exercice formel destiné à légitimer des choix déjà arrêtés, mais aussi un outil de communication politique. À cet égard, il semble impératif de repenser son cadre institutionnel et d'assurer un véritable suivi des contributions citoyennes dans les décisions finales.

D'autres dispositifs, comme les budgets participatifs locaux, permettent d'inclure les citoyens dans la gestion municipale (notamment une fraction du budget d'investissement communal). Bien que l'intention soit tout à fait louable, ces budgets sont en fait, sauf exception [14], souvent limités et concernent le plus souvent des projets secondaires. En outre, les expérimentations réglementaires, qui autorisent certaines collectivités à tester de nouvelles formes de gouvernance, sont encore trop restreintes pour constituer une réelle alternative au cadre institutionnel traditionnel.

Tant que ces mécanismes restent à la discrétion des gouvernants et n'ont aucune portée contraignante, ils ne pourront qu'alimenter la frustration et accentuer le sentiment d'une démocratie verrouillée.

14. À Paris, par exemple, 768 millions d'euros ont été attribués au budget participatif entre 2014 et 2024.

Cette réalité est bien mise en lumière par le chercheur Loïc Blondiaux, qui souligne que la participation citoyenne ne peut être un simple appendice du pouvoir représentatif[15]. Certaines expériences semblent assez concluantes, même dans des grandes villes (Barcelone, Nantes ou Helsinki). Si elle doit avoir un sens, elle doit être assortie de garanties concrètes permettant une participation équitable et inclusive :

> – **la qualité de l'ingénierie participative**. (...) Pour concevoir, animer et accompagner des processus complexes, il convient d'avoir recours à des savoirs et à des professionnels (au sein comme en dehors des collectivités concernées) qui les connaissent et savent les utiliser à bon escient (...) ;
> – **la recherche systématique de l'inclusion**. L'un des principaux reproches qui peut être fait aux politiques participatives est de ne s'adresser qu'à certaines catégories de la population, celles qui participent déjà le plus à la démocratie représentative (catégories aisées et éduquées, retraités...) et de renforcer même parfois des mécanismes inégalitaires déjà présents dans nos démocraties. Il convient d'être extrêmement attentif aux asymétries de pouvoir créées par les dispositifs eux-mêmes comme l'inégalité d'accès au numérique ou à la parole dans les réunions publiques par exemple (...) ;
> – **l'articulation de la participation à la décision**. (...) Trop de dispositifs participatifs restent déconnectés des lieux où les décisions se prennent réellement et trop d'initiatives échouent faute d'avoir exercé la moindre influence sur les processus politiques sur lesquels elles venaient se greffer. (...)

15. Loïc Blondiaux, « La démocratie participative : une réalité mouvante et un mouvement résistible », en ligne sur vie-publique.fr, 2021.

Il est impératif que la parole citoyenne puisse compter et cela exige des autorités élues une ouverture à la contradiction qui manque encore trop souvent dans les démarches actuelles. Il convient également d'organiser des concertations sur des décisions qui n'ont pas fait l'objet d'un arbitrage préalable des autorités ou d'un engagement fort au moment de la campagne. Laisser croire aux citoyens qu'ils peuvent changer les choses alors que tout est déjà décidé fait plus de mal que de bien à la confiance qu'ils peuvent avoir dans l'autorité politique. Il importe enfin que, à l'issue de la participation, les élus se justifient de leurs choix et répondent précisément aux demandes citoyennes, y compris et surtout dans les cas où ils n'ont pas repris ces dernières. Cette exigence de justification *a posteriori* est pourtant trop souvent oubliée par des élus, ce qui peut être perçu comme du mépris par les citoyens. Cette nécessité de rendre compte est d'ailleurs aussi au cœur des enjeux autour des conventions citoyennes organisées sous l'égide du CESE, nous le verrons. Il est impératif que les conclusions de ces dispositifs ne restent pas lettre morte si l'on ne veut pas alimenter la critique en impuissance et en illusion procédurale. C'est ce qu'on appelle la redevabilité : que les propositions soient retenues ou qu'elles ne le soient pas, les pouvoirs publics devraient prendre en compte les résultats du débat et justifier les décisions prises à la lumière des arguments formulés.

Enfin, il faut noter que l'ouverture de la démocratie à une participation plus directe, déjà imparfaite, est un mouvement en recul, même en France. Au nom de la réduction des délais des projets, de la simplification administrative ou de l'efficacité de l'action économique, on crée des exceptions et des exemptions de consultation ou d'enquête publique sur des projets parfois majeurs. La Commission nationale du débat public elle-même s'inquiète d'une « régression du droit de l'environnement et de la participation [16] ». Des lois prévoient désormais que certains projets importants puissent déroger au principe de protection des espèces et des habitats naturels. Qu'il s'agisse de projets d'autoroutes, de mines de lithium, de centrales nucléaires ou d'usines de batteries, on devance l'office du juge en présumant une « raison impérative d'intérêt public majeur » pour permettre cette dérogation ou on le neutralise en déposant des initiatives législatives pour détourner les annulations contentieuses.

Vers une démocratie participative exigeante

La progression des idées relatives à la participation citoyenne correspond à une évolution globale du rapport à l'autorité. L'obéissance, apanage des régimes autoritaires et des sociétés patriarcales, laisse plus volontiers la place à l'autonomie citoyenne et la réflexion critique, qui sont des vertus éminemment démocratiques (car elles sont dangereuses pour les tyrans, qui se dépêchent souvent de chasser ces mauvaises manies de l'esprit public).

Si l'on veut sortir de l'entre-deux où la participation est vantée sans être réellement effective, il est impératif d'opérer un changement profond dans la manière dont les citoyens sont

16. Avis de la Commission nationale du débat public sur le projet de décret portant diverses dispositions d'application de la loi d'accélération et de simplification de l'action publique et de simplification en matière environnementale du 7 décembre 2020, séance du 3 mars 2021, p. 2.

impliqués dans la décision publique. Ce changement ne peut se limiter à quelques ajustements de procédure ou à une multiplication des consultations. Il s'agit de redéfinir la place du citoyen dans l'architecture démocratique et de faire en sorte que sa voix ne soit pas un simple bruit d'ambiance dans le concert du pouvoir.

Pour cela, il est nécessaire de repenser le statut des consultations citoyennes. Une démocratie qui se respecte ne saurait se contenter d'écouter poliment ses citoyens avant d'enterrer leurs propositions sous les rapports administratifs. Il faut travailler à la prise en compte des avis exprimés, en faisant en sorte que les responsables politiques expliquent les écarts significatifs entre les décisions prises et les recommandations issues des consultations. Sans cette redevabilité, toute participation ne sera qu'un simulacre, un théâtre où l'illusion du dialogue dissimule la permanence du pouvoir centralisé.

En 2019, le Président de la République Emmanuel Macron lançait un exercice démocratique à la fois inédit et ambitieux : la Convention citoyenne sur le climat. Lui-même avait, à cette époque, l'intuition qu'un tel travail d'intelligence collective démocratique ne pouvait être foulé au pied à l'issue de ses travaux. Il lança cette promesse : « Ce qui sortira de cette Convention, je m'y engage, sera soumis sans filtre soit au vote du Parlement, soit à référendum, soit à application réglementaire directe. » L'intention était d'autant plus louable qu'il n'y avait pas de feuille de route extrêmement précise pour ces travaux, et que le résultat était donc inattendu. La commission accoucha d'une baleine, avec 149 propositions, parfois audacieuses, en matière de logement, de consommation ou de transport.

Plusieurs années plus tard, les participants et associations environnementales reconnaissent que la Convention a été très positive en permettant de faire mûrir le débat, mais sont un peu amers quant à ses traductions législatives : seulement 15 propositions[17] ont effectivement été retranscrites « sans filtre » dans le projet de loi dite « Climat et résilience[18] ». Bien sûr, les mesures validées restent très importantes, comme l'interdiction des terrasses chauffées ou la fin de l'artificialisation des sols en 2031 (le fameux « zéro artificialisation nette », ZAN, sur lequel veulent déjà revenir certains élus). Quelques écarts ont été justifiés rapidement par des « jokers » du président (limitation à 110 km/h des autoroutes, taxe sur les dividendes des grands groupes, etc.), mais le reste est passé sous les fourches caudines des amendements parlementaires. Beaucoup de mesures ont purement et simplement été supprimées (interdiction de la publicité sur les produits polluants, crime d'écocide, redevance sur les engrais azotés, etc.) quand d'autres ont été édulcorées :

> Au lieu de réguler fortement la publicité, (...) le gouvernement préfère mettre en place une expérimentation sur la base du volontariat du « Oui pub » sur les boîtes aux lettres et interdire les avions publicitaires. Plutôt que de mettre réellement fin au trafic aérien intérieur, le gouvernement envisage d'interdire les vols entre deux villes situées à moins de deux heures trente en train. Cela ne

17. Un comptage précis a été réalisé par le média indépendant *Reporterre* : https://reporterre.net/Convention-pour-le-climat-seules-10-des-propositions-ont-ete-reprises-par-le-gouvernement

18. Loi n° 2021-1104 du 22 août 2021 portant lutte contre le dérèglement climatique et renforcement de la résilience face à ses effets.

concerne que huit liaisons et moins de 10 % du trafic aérien métropolitain. (...) Le malus poids pour les véhicules polluants a été fixé à 1 800 kilos au lieu de 1 400 dans la loi de finances 2021. Cela ne touche finalement que 2 % du parc automobile[19].

Disons-le clairement : les mesures proposées étaient parfois très ambitieuses et correspondaient à un retournement de paradigme politique car elles allaient souvent dans le sens de la décroissance, d'une beaucoup plus forte régulation du marché et d'une contribution renforcée des entreprises. Cela serait même allé à l'encontre des promesses et annonces du candidat élu en 2017. Le cadre politique et institutionnel nous mettait donc dans une situation de conflit de légitimités entre d'un côté des représentants (le Parlement et le Président) qui bénéficiaient de l'onction du suffrage universel et, de l'autre, des citoyens reflétant la diversité de la société française, mis en situation de délibérer pendant plusieurs semaines en s'appuyant sur les travaux de spécialistes. Comment sortir de l'ornière ?

Dans le même esprit que le renforcement des conventions citoyennes, il convient de redonner toute sa place à la démocratie sociale, qui demeure aujourd'hui largement sous-exploitée. Contrairement à la démocratie représentative classique, qui repose sur un contrat électoral intermittent, la démocratie sociale permet une négociation plus continue des intérêts collectifs concrets à travers les syndicats, les entreprises et les employeurs, les associations et les corps intermédiaires. Il est incompréhensible qu'en France ces acteurs soient systématiquement relégués au

19. *Ibid.*

second plan, alors qu'ils constituent l'un des rares espaces où les citoyens peuvent peser de manière plus régulière sur les choix politiques et économiques.

Enfin, la question de la démocratie directe ne peut être éludée. L'exemple suisse montre qu'un usage encadré et structuré du référendum d'initiative citoyenne (RIC) ne conduit ni au chaos ni à la paralysie, mais bien à une implication renforcée des citoyens dans la construction des choix collectifs. Si un tel dispositif devait voir le jour en France, il devrait s'accompagner d'un cadre délibératif rigoureux, afin d'éviter qu'il ne devienne un simple outil de réaction émotive, manipulable par des campagnes médiatiques bien orchestrées. Mais l'idée selon laquelle les citoyens seraient inaptes à prendre des décisions directement est une insulte au principe même de la souveraineté populaire. Si la démocratie signifie quelque chose, elle doit impliquer un droit effectif des citoyens à orienter, et non simplement à commenter, les grandes décisions qui structurent leur avenir.

L'enjeu n'est pas seulement technique ou institutionnel. Il est profondément politique. À l'heure où le fossé entre gouvernants et gouvernés ne cesse de se creuser, il est urgent de dépasser les mises en scène sans effet. Il ne s'agit pas d'ajouter quelques outils participatifs comme des ornements sur une façade qui reste inchangée, mais bien de repenser en profondeur les mécanismes du pouvoir pour que la voix des citoyens ne soit plus seulement entendue, mais réellement écoutée et prise en compte. C'est à cette condition que la démocratie pourra retrouver son sens et sa légitimité.

Chapitre IV

Retrouver la démocratie sociale pour réconcilier l'État et les citoyens

La démocratie sociale, un complément nécessaire à la démocratie représentative

La démocratie sociale ne s'oppose pas à la démocratie représentative, mais elle en est un complément indispensable. Là où la démocratie électorale fonctionne par des mandats renouvelés périodiquement, la démocratie sociale repose sur une implication continue des citoyens à travers leurs corps intermédiaires : syndicats, associations, fédérations, et autres organisations de la société civile. Son rôle est d'assurer une participation active des citoyens aux décisions qui les concernent.

Inspirée du socialisme réformiste, cette approche approfondit la démocratie électorale. Léon Blum, dans *À l'échelle humaine* (1945), souligne cette complémentarité : « La démocratie politique ne sera pas viable si elle ne s'épanouit pas en démocratie sociale ; la démocratie sociale ne serait ni réelle ni stable si elle ne se fondait pas sur une démocratie politique. » La démocratie sociale permet, seule, un véritable dialogue entre l'État et la société, en organisant une négociation permanente sur les grandes orientations économiques et sociales. Autrement dit, c'est une démocratie qui continue de vivre entre deux élections.

Ce modèle, loin d'être une simple consultation, propose une co-construction des politiques publiques. En France, l'exemple le plus emblématique de cette dynamique est la Sécurité sociale. Instaurée en 1945 avec une gouvernance paritaire, la « Sécu » repose sur une gestion équilibrée entre représentants des employeurs et des salariés, permettant une prise de décision concertée en matière de politiques de santé et de protection sociale. Au fil du temps, ce modèle a évolué avec des réformes visant à renforcer la transparence, la représentativité et les règles de financement. Ce modèle a garanti un équilibre entre les intérêts des travailleurs et ceux des employeurs, tout en assurant une gestion financière solidaire et rigoureuse. En effet, les comptes de la Sécurité sociale, dont on a souvent déploré le « trou », ont souvent affiché une meilleure stabilité que ceux de l'État. Là où le déficit budgétaire de l'État ne cesse de croître et dépasse régulièrement les 3 % du PIB, la Sécurité sociale, sous gestion paritaire, a su limiter les déséquilibres et dégager des excédents lors de certaines périodes, notamment entre 2017 et 2019. En adaptant les recettes aux évolutions démographiques et économiques, cette gouvernance a permis d'éviter les déficits structurels chroniques qui caractérisent les finances publiques. La Sécurité sociale est ainsi un système robuste qui, malgré des réformes successives, reste un pilier fondamental de la protection sociale en France. En maintenant un cadre de négociation continue, elle a su évoluer pour répondre aux transformations de la société, illustrant ainsi la capacité des partenaires sociaux à s'accorder sur des politiques publiques durables et adaptées aux réalités sociales.

Les exemples de négociations paritaires réussies sont aussi nombreux dans notre histoire récente. L'accord national interprofessionnel (ANI) de 2013 sur la sécurisation de l'emploi, par exemple, a été négocié entre les partenaires sociaux avant d'être transcrit dans la loi, comme c'est traditionnellement le cas pour tous les ANI. Cet accord a introduit plusieurs avancées significatives en matière de partage des bénéfices et des risques entre les entreprises et les salariés, notamment en cas de difficultés économiques. Cela montre une capacité des syndicats et du patronat, aux positions parfois antagonistes sur ces questions, à parvenir à des compromis structurants, illustrant ainsi une approche des politiques publiques où l'État joue un rôle d'arbitre plutôt que d'unique décideur.

Ce type de dialogue social permet de dégager des solutions tout en apaisant des tensions inhérentes aux divergences d'intérêts. Plutôt que d'opposer rigidement travailleurs et employeurs, la démocratie sociale pousse à la recherche de compromis durables, où chacun consent à des ajustements pour garantir la stabilité et la pérennité du modèle économique et social. En ce sens, elle agit comme un rempart contre la radicalisation des conflits et favorise une culture de la négociation et du consensus, essentielle à la cohésion sociale. Mais le socio-historien Stéphane Sirot constate que ce n'est pas le modèle prédominant en France dans notre rapport aux institutions [1] :

> La négociation n'est pas le mode privilégié du dialogue social en France en raison de notre histoire politique et de la manière dont s'est construit l'État. Il est en effet monnaie courante pour le pouvoir en place de considérer que, puisqu'il possède la légitimité démocratique, c'est à lui de décider de la substance de la loi. Dès la

1. *Le Monde*, 12 décembre 2022.

> Révolution, notre pays a institutionnalisé un rapport de force entre l'État et les corps intermédiaires. (...) Seule une période de notre histoire contemporaine a vraiment fait exception : l'après-guerre. Les grandes réformes économiques et sociales portées par le Conseil national de la Résistance (CNR) étaient une synthèse des aspirations et revendications des différents partis et syndicats, soit un compromis né de négociations. Mais cela n'a pas perduré, car nous ne sommes pas allés au bout de l'application du programme du CNR en matière de dialogue social. L'instauration de la Ve République a ensuite renforcé une pratique verticale du pouvoir et de la fabrique de la décision.

En cela, la France fait plutôt figure d'exception par rapport à ses voisins européens, avec un rapport plus conflictuel entre les partenaires sociaux (même les syndicats dits « réformistes ») et des institutions au fonctionnement vertical. Dès lors, les responsables politiques parlent plus volontiers de « concertation » que de « négociation », étant entendu qu'on ne partagera pas la décision finale. Dans un monde marqué par les crises et les inégalités, le dialogue social apparaît pourtant comme une alternative crédible à notre jacobinisme vertical. Renforcer la démocratie sociale, c'est réinventer le contrat démocratique et répondre à la défiance croissante envers les institutions.

Un modèle en net recul face à l'étatisation progressive de la protection sociale

Si la Sécurité sociale est née d'une dynamique de co-construction entre l'État et les partenaires sociaux en 1945, son pilotage a progressivement évolué vers une centralisation accrue au profit de l'État. À l'origine, les caisses de Sécurité sociale étaient gérées de manière paritaire par les syndicats et le patronat, donnant aux représentants des travailleurs un rôle déterminant dans la définition des politiques de santé et de protection sociale. Ce modèle leur conférait une légitimité forte et traduisait la philosophie fondatrice du système : la protection sociale devait être administrée par les premiers concernés.

Toutefois, dès les années 1960, l'État a commencé à reprendre la main sur ces instances en instaurant des mécanismes de régulation budgétaire plus contraignants. Cette tendance s'est accélérée avec les réformes de 1967, qui ont divisé la Sécurité sociale en plusieurs branches autonomes, tout en réduisant progressivement l'influence des partenaires sociaux sur leur gestion. Cette transformation s'est poursuivie dans les décennies suivantes, avec notamment la réforme de 1996 instaurant les lois de financement de la Sécurité sociale (LFSS), plaçant ainsi sous contrôle parlementaire les grandes orientations budgétaires du système. Dès lors, la protection sociale n'était plus l'affaire exclusive des travailleurs et des employeurs, mais une politique publique comme une autre, de plus en plus encadrée par l'État. Un exemple marquant de cette évolution est la réforme des retraites de 2010, avec laquelle le gouvernement a imposé un allongement de la durée de cotisation et un relèvement de l'âge légal de départ sans véritable négociation avec les syndicats. Alors que par le passé, les réformes sociales majeures faisaient l'objet de larges concertations, cette décision a illustré la marginalisation progressive des partenaires sociaux dans la définition des grandes orientations de la protection sociale, renforçant ainsi le rôle unilatéral de l'État dans l'arbitrage des politiques publiques. Cette évolution s'est confirmée au moment de la réforme des retraites de 2023.

Cette évolution s'explique par plusieurs facteurs. D'une part, la volonté des gouvernements successifs de mieux maîtriser les dépenses publiques a conduit à une rationalisation administrative qui s'est traduite par une recentralisation du pouvoir de décision. D'autre part, la baisse de la syndicalisation et la remise en question du paritarisme comme mode de gestion ont affaibli la capacité des organisations représentatives à peser sur l'évolution du système. La représentativité syndicale fait l'objet d'un calcul relativement complexe[2], et la France connaît en effet depuis plusieurs décennies une baisse significative du taux de syndicalisation. Au début des années 1950, plus de 30 % des actifs étaient syndiqués. Ce taux est descendu à 20 % en 1980, et est stable autour de 10 % depuis les années 1990. Selon une étude du ministère du Travail publiée en 2023[3], le taux global de syndicalisation reste très variable dans la population active. Il s'élevait à 18,4 % en

2. Aux termes de l'article L2122-9 du code du Travail, l'audience syndicale est mesurée tous les quatre ans et une organisation syndicale est représentative au niveau national et interprofessionnel si elle est représentative dans les branches de l'industrie, de la construction, du commerce et des services ; si elle a recueilli au moins 8 % des suffrages exprimés au premier tour des dernières élections des membres aux comités sociaux et économiques (CSE) ; si elle a recueilli au moins 8 % des suffrages exprimés dans les entreprises de moins de onze salariés ; si elle a recueilli au moins 8 % des suffrages exprimés aux élections des chambres départementales d'agriculture. La représentativité nationale d'un syndicat est donc un agrégat pondérant ces différentes composantes.

3. « Léger repli de la syndicalisation en France entre 2013 et 2019 », Dares Analyses, n° 6, février 2023.

2019 dans la fonction publique, alors qu'il est tombé sous les 8 % dans le secteur privé. Cette diminution du taux d'adhésion s'explique en partie par la « flexibilisation » du travail, avec des taux très faibles de syndicalisation dans les contrats à durée limitée (CDD, vacations, intérims, CDI à temps à partiel, etc.) :

> Dans la fonction publique, 4,2 % des salariés en contrat à durée limitée sont syndiqués en 2019, contre 21,6 % des titulaires et agents en CDI (tableau A). Dans le secteur privé, le taux de syndicalisation des salariés en contrat à durée limitée est de 1,6 %, alors que celui des salariés en CDI s'élève à 9,0 %[4].

Cette tendance illustre une transformation plus profonde du marché du travail et de la société elle-même. Comme l'ont analysé Robert Castel (*Les Métamorphoses de la question sociale*, 1995) et Richard Sennett (*The Corrosion of Character*, 1998), l'essor du travail flexible et des contrats courts a contribué à une fragmentation du collectif de travail et à un affaiblissement des solidarités traditionnelles. La précarisation de l'emploi entraîne un isolement des travailleurs, réduisant leur propension à s'engager dans des luttes collectives et affaiblissant leur capacité à peser sur les décisions économiques et sociales. Cette dynamique s'inscrit dans une société libérale où l'individualisation des parcours professionnels s'accompagne d'une dilution des structures collectives, rendant plus difficile l'émergence de revendications communes et l'organisation de formes stables de démocratie sociale.

Le glissement vers un modèle plus étatisé de la protection sociale n'a pas été sans conséquence : si la Sécurité sociale

4. *Ibid.*

conserve un ancrage paritaire dans certaines de ses instances, les décisions stratégiques sont aujourd'hui largement dictées par les impératifs budgétaires fixés par l'État (notamment depuis 1997 via l'ONDAM, Objectif national de dépenses de l'assurance maladie), limitant la marge de manœuvre des acteurs sociaux. En somme, ce qui était initialement un modèle de démocratie sociale s'est transformé en un système hybride, où les partenaires sociaux jouent un rôle de plus en plus cadré et consultatif et de moins en moins décisionnel. Le recul du paritarisme est traditionnellement interprété de deux manières différentes : soit la centralisation est une nécessité imposée par la complexité croissante du financement de la protection sociale ; soit il s'agit au contraire d'un appauvrissement du débat démocratique sur l'avenir des droits sociaux.

Même si l'article 1er de la Constitution de 1958 proclame que la République est démocratique *et sociale*, la France ne peut être considérée comme une démocratie sociale aboutie. Loin de laisser une place réelle à la concertation avec la société civile, l'État a progressivement étendu son action sur l'ensemble des champs de la décision publique, cumulant les fonctions d'initiative et d'arbitrage.

Cette tradition jacobine et centralisatrice, bien qu'ayant structuré notre État moderne, permis une plus grande égalité et une planification efficace des politiques publiques, a également généré une bureaucratisation importante et un éloignement des citoyens. Les grandes réformes (qu'il s'agisse des retraites, de l'éducation ou de l'environnement) sont pensées dans un cadre technique (au niveau des directions, d'administration centrale ou des caisses de

Sécurité sociale notamment) avant de « descendre », sans réelle prise en compte des corps intermédiaires.

Ce modèle hyper-centralisé est en crise. La montée de la contestation sociale, les mobilisations spontanées comme celles des Gilets jaunes, ou encore la défiance envers le parlementarisme témoignent d'un besoin urgent de dépasser la verticalité et de réinventer la relation entre gouvernants et gouvernés.

En Allemagne, le paritarisme issu du modèle bismarckien (financement assurantiel reposant sur les cotisations sociales des employeurs et des employés) est resté au cœur du système social : les syndicats et les organisations patronales gèrent directement une grande partie de la protection sociale (maladie, retraites, chômage) via des caisses autonomes, avec une implication étatique relativement limitée. D'ailleurs, la démocratie sociale outre-Rhin dépasse le seul cadre de la solidarité. Le modèle allemand favorise le dialogue social à l'échelle des entreprises, notamment avec la cogestion (*Mitbestimmung*), où les représentants des salariés siègent dans les conseils de surveillance des grandes entreprises. En France, ce type de participation reste marginal, malgré quelques avancées sporadiques.

Il convient toutefois de relativiser la critique de l'État que nous formulons, « l'image d'Épinal d'un État à propension dirigiste, étouffant par ses lois et règlements les voix du dialogue social », pour reprendre les termes du vice-président du Conseil d'État Jean-Marc Sauvé[5]. C'est en effet l'État qui donne un cadre

5. Conseil d'État, *L'accord : mode de régulation du social*, éd. La Documentation française, coll. « Droits et Débats » n° 20, Paris, 2016, p. 9.

institutionnel aux conventions collectives depuis plus de cent ans[6]. C'est ensuite par une loi de 1936[7] qu'est née la procédure d'extension des conventions collectives. La loi, de manière générale, donne au dialogue social en France ces principaux fondements. L'article L1 du code du travail, qui est une spécificité française, institutionnalise et systématise la concertation :

> Tout projet de réforme envisagé par le Gouvernement qui porte sur les relations individuelles et collectives du travail, l'emploi et la formation professionnelle et qui relève du champ de la négociation nationale et interprofessionnelle fait l'objet d'une concertation préalable avec les organisations syndicales de salariés et d'employeurs représentatives au niveau national et interprofessionnel en vue de l'ouverture éventuelle d'une telle négociation.

Citons également le rôle central des accords nationaux interprofessionnels (ANI) qui régissent les conditions de travail et les droits des salariés pour toutes les entreprises appartenant à un syndicat patronal signataire, et qui sont souvent transposés tels quels dans la loi pour s'appliquer à toutes les entreprises, même non-signataires. Le directeur général du travail Pierre Ramain soulignait à ce titre en 2024 que « les accords interprofessionnels sont assez remarquables par la stabilité du nombre de ceux qui sont conclus à travers un agenda social co-construit avec les partenaires sociaux[8] ». Cela montre bien comment l'État peut aussi jouer le rôle de cadre et de relai du paritarisme. Pierre Ramain souligne que l'État joue un rôle pour faciliter le

---

6. Loi du 25 mars 1919 sur les conventions collectives.
7. Loi du 24 juin 1936.

dialogue social (avec l'article L1 du code du travail), réguler la négociation (avec l'extension des accords de branche par exemple) et la dynamiser lorsque nécessaire (avec des restructurations et fusions de branches professionnelles), voire la contraindre (en « reprenant la main » en dernier ressort lorsque la négociation est bloquée).

Mais ce rôle central de l'État dans l'organisation et la régulation du travail est dépendant de la volonté des gouvernements de permettre aux acteurs de négocier, et surtout des marges de manœuvres réelles qui leur sont laissées en matière de garanties sociales accordées aux salariés.

Critiques de la démocratie sociale et tentatives de réponses

La démocratie sociale est critiquée pour sa lenteur, son inefficacité supposée ou encore sa captation par des intérêts corporatistes.

La complexité des négociations entre partenaires sociaux, parfois longues et laborieuses, est souvent perçue comme un frein à la réactivité des politiques publiques. Par exemple, les discussions autour de la réforme de l'assurance chômage en 2019 ont été marquées par des désaccords profonds entre syndicats et patronat, ce qui a permis une reprise en main par le

8. Conseil d'État, *État et partenaires sociaux : organisation et régulation du monde du travail*, éd. La Documentation française, coll. « Droits et Débats » n° 25, Paris, 2024, p. 45.

gouvernement au nom de l'urgence, sur une ligne proche de celle du patronat. Cette convergence d'intérêt entre l'exécutif et les représentants des entreprises rend le *statu quo* favorable à ces derniers, et la négociation viciée dès l'origine.

De même, l'échec régulier des négociations concernant le système de retraites a pu renforcer l'idée que la concertation sociale pouvait être dans l'impasse.

Par ailleurs, la critique de la captation par des intérêts corporatistes est régulièrement formulée, notamment lorsque certaines branches professionnelles ou syndicats parviennent à préserver des avantages catégoriels. L'exemple des régimes spéciaux de retraite, défendus avec vigueur par certaines organisations syndicales malgré les tentatives d'uniformisation du système, illustre cette tension. Selon le bord politique, on interprète cette situation comme une défense égoïste des revendications corporatistes contre l'intérêt général, ou comme un refus du nivellement par le bas de la solidarité.

Enfin, la baisse de la représentativité syndicale, notamment dans le secteur privé comme nous l'avons vu, fragilise la légitimité de son rôle d'intermédiaire. Là encore, conflit d'interprétation : les uns considèrent que le désengagement syndical est la conséquence de la mauvaise gestion des syndicats ou de leur refus de s'adapter à l'évolution de la société, les autres que cela procède d'une destruction méthodique de leur capacité d'action.

Pourtant, ces critiques ne doivent pas masquer les atouts de ce modèle, qui demeure l'un des rares espaces où des voix peuvent s'exprimer en dehors des cycles électoraux. Contrairement à la démocratie représentative, qui mandate des élus pour plusieurs années sans interaction continue, la démocratie sociale permet un dialogue permanent entre les différentes composantes de la société. Ce dialogue est d'ailleurs capable de dépasser le cadre purement économique et social, en intégrant des enjeux environnementaux. Le Grenelle de l'environnement (2007) a réuni l'État, les syndicats, les employeurs, les associations et les collectivités locales pour définir des mesures en faveur du développement durable. Si certaines décisions ont été édulcorées par la suite, cette initiative a permis de poser les bases d'un dialogue élargi, impliquant la société civile dans l'élaboration des politiques publiques. De manière générale, le dialogue social peut être un moteur efficace de transformation lorsqu'il est institutionnalisé et respecté par toutes les parties prenantes. Cependant, il ne fonctionne réellement que lorsque l'État accepte d'en reconnaître les résultats et de ne pas court-circuiter les négociations en cas de désaccord.

Historiquement, la démocratie sociale a souvent été à l'avant-garde du progrès social. Les mutuelles et les coopératives ouvrières ont préfiguré les grandes avancées en matière de protection sociale. Dès le XIXe siècle, les sociétés de secours mutuels, souvent issues de regroupements ouvriers, ont joué un rôle crucial dans la mise en place de mécanismes d'entraide pour pallier l'absence de protection sociale étatique. Inspirées par des modèles de solidarité collective, elles ont posé les bases des assurances maladie et des systèmes de retraite. Par exemple, en 1898, la loi sur les accidents du travail instaure un premier cadre de protection inspiré des pratiques mutualistes développées au sein des grandes industries.

Les coopératives ouvrières, quant à elles, ont été des laboratoires d'expérimentation sociale, démontrant qu'un autre modèle économique était possible, fondé sur la participation des travailleurs à la gestion des entreprises. Ainsi, la Maison du Peuple de Bruxelles, créée en 1899 sous l'impulsion du mouvement ouvrier, combinait coopérative de consommation, structures d'éducation populaire et institutions de prévoyance sociale. Ce type d'initiative a influencé la structuration des systèmes de protection sociale européens, démontrant que l'auto-organisation des travailleurs pouvait précéder et inspirer les politiques publiques.

Le premier régime général de sécurité sociale, impulsé par Ambroise Croizat en 1945, s'appuie largement sur ces expériences historiques. Il fut pensé et géré directement par les travailleurs eux-mêmes avant que l'État, nous l'avons dit, ne reprenne progressivement la main sur ces dispositifs, intégrant ces structures autonomes dans un cadre institutionnel nationalisé. Ce mouvement témoigne du rôle moteur des initiatives locales ou ouvrières dans la construction des systèmes de protection sociale modernes.

Moderniser la démocratie sociale : le rôle clé du CESE

Face aux défis contemporains – transition écologique, mutations technologiques et économiques, inégalités sociales – et face au constat d'un affaiblissement de la démocratie sociale, il semble plus que jamais essentiel de la renforcer, de la moderniser et de l'élargir. Dans cette perspective, le Conseil économique, social et environnemental (CESE) pourrait jouer un rôle clé. Trop souvent perçu comme une simple chambre consultative, il dispose pourtant d'une expertise unique et d'un potentiel d'innovation démocratique qui mériterait d'être pleinement exploité.

Le CESE, en tant qu'espace structurant entre société civile et institutions, pourrait devenir un véritable catalyseur de concertations pérennes et exigeantes entre l'État, les partenaires sociaux, les associations et les citoyens engagés. Il pourrait ainsi devenir le lieu où s'élabore une synthèse des intérêts divergents, en amont du processus législatif, permettant d'enrichir le travail parlementaire et de pacifier les tensions sociales. En misant sur l'intelligence collective et la pluralité des représentations, le CESE serait alors le chaînon manquant entre l'expression populaire et la décision publique, entre les réalités sociales et la rationalité juridique et institutionnelle. Si la démocratie électorale fixe le cap, la démocratie sociale permet d'en ajuster le chemin, en intégrant en continu la diversité des expériences et des revendications. Ce modèle n'est pas une utopie : c'est une nécessité pour réconcilier l'État et les citoyens, dans une société où l'exigence démocratique ne cesse de croître. Dans plusieurs pays européens, des institutions similaires ont joué ce rôle de médiation démocratique. En Suède ou aux Pays-Bas, les conseils sociaux et économiques sont régulièrement associés aux grandes orientations de réforme, et les compromis sociaux y sont souvent plus solides et moins conflictuels que dans le modèle français.

Du point de vue philosophique, cette démarche s'inscrit dans une tradition républicaine délibérative, héritée de Dewey ou d'Habermas, qui ont défendu l'idée selon laquelle la démocratie ne se réduit pas au vote mais repose sur des processus de discussion collective, structurés et institutionnalisés. La société civile organisée n'est pas un bruit de fond : elle est l'espace où se forme l'opinion publique, où se confronte la pluralité des intérêts, et où s'éprouvent des compromis acceptables. Le CESE, en redéployant son potentiel dans cette logique, pourrait répondre à la crise de légitimité qui traverse le modèle français, marqué par une verticalité persistante et une instabilité sociale récurrente.

À l'heure où l'exécutif cherche à restaurer sa légitimité et où le Parlement peine à incarner un espace de représentation vivante, il est plus que jamais nécessaire d'ouvrir d'autres voies institutionnelles de débat. En dotant le CESE de moyens accrus, en l'ancrant dans des dispositifs de démocratie continue et en lui donnant un rôle réel dans l'élaboration des politiques publiques, la France renouerait avec une tradition de démocratie sociale active, capable de faire face aux grands défis du XXIe siècle : climat, inégalités, fractures territoriales, refondation du travail. Un tel choix serait à la fois un acte de lucidité politique et un pari sur l'intelligence collective.

Chapitre V

Le CESE : une institution hybride pour une démocratie élargie

La plasticité institutionnelle dans une démocratie « liquide »

Souvent perçu comme un acteur secondaire, le Conseil économique, social et environnemental (CESE) occupe pourtant une place singulière dans le paysage institutionnel français. Ni chambre parlementaire, ni simple instance consultative, il incarne un modèle atypique : celui d'une démocratie sociale structurée autour des corps intermédiaires et des forces vives de la société civile. Sa mission première, telle qu'énoncée dans la Constitution, est d'éclairer les pouvoirs publics par des avis fondés sur l'expertise et la représentation des intérêts socio-économiques et environnementaux. Mais au-delà de ce rôle consultatif, le CESE pourrait bien être l'un des lieux clés du renouvellement démocratique.

C'est un objet original dans notre paysage institutionnel. La France a longtemps considéré la représentation politique sous l'angle exclusif du suffrage universel. Or, le CESE, par sa logique fondée sur la représentation fonctionnelle, bouscule ce monopole. Ses membres ne sont pas élus au suffrage direct, mais désignés par les grandes organisations syndicales, patronales, indépendantes, associatives ou environnementales. Cette composition en fait une « chambre des intérêts », selon la formule de Hegel, c'est-à-dire un espace intermédiaire dans lequel la société civile organisée entre en résonance avec la décision publique et contribue à celle-ci dans les domaines qui lui sont propres.

Ce modèle, bien que relativement méconnu en France, n'est pas une exception. De nombreux États européens ont institué des conseils analogues : en Allemagne, le *Wirtschafts- und Sozialrat* joue un rôle similaire ; au niveau communautaire, le Comité économique et social européen (CESE de l'UE) permet aux sociétés civiles nationales de participer à l'élaboration des politiques européennes. L'Espagne, l'Italie, le Portugal ou encore la Belgique ont aussi institué des structures de médiation entre le politique et la société, confirmant qu'une démocratie vivante ne se limite pas à l'affrontement électoral ou au face-à-face institutionnalisé entre exécutif et législatif. Il existe donc une tradition discrète mais tenace, dans les démocraties pluralistes, d'institutions à mi-chemin entre la parole citoyenne et l'action de l'État : 21 pays de l'Union européenne se sont dotés d'une instance de ce type, et près de 70 dans le monde.

Or, le paradoxe contemporain est saisissant : alors même que la société se complexifie, s'individualise, se fragmente, les formes classiques de médiation – partis politiques, syndicats, grandes fédérations – s'essoufflent. Le sociologue Pierre Rosanvallon a nommé ce phénomène « désaffiliation » ou « archipélisation » : les citoyens désertent les structures collectives du XXe siècle, sans pour autant renoncer à l'engagement. Ils cherchent ailleurs, dans des formes plus souples, plus réactives, plus personnalisées, des voies d'expression politique. Le sentiment de vacance démocratique grandit. Et c'est précisément dans cet espace laissé vide que le CESE pourrait jouer un rôle clé.

Encore faut-il qu'il s'en donne les moyens. Il ne s'agit pas de figer l'institution dans un rôle muséal ou purement cérémoniel, mais de lui permettre de devenir un espace vivant de dialogue et d'interpellation. Forums citoyens, conventions délibératives, plateformes numériques, consultations ouvertes : la démocratie du XXIe siècle n'est plus une démocratie de blocs stables, mais une démocratie fluide, « liquide », pour reprendre la métaphore de Zygmunt Bauman. Cela n'implique pas la disparition des structures, mais leur capacité à se réinventer en intégrant la mobilité des formes d'engagement contemporaines. Le CESE, précisément parce qu'il n'est pas élu, peut incarner cette plasticité. Il peut se permettre de conjuguer temps long, expertise et diversité sans être captif de la logique partisane.

La réforme constitutionnelle de 2008, puis la réforme du CESE de 2021, ont commencé à amorcer ce virage. Le CESE peut désormais organiser des conventions citoyennes, traiter des pétitions populaires dès lors qu'un seuil est franchi, à partir desquelles formuler des avis à l'initiative des citoyens eux-mêmes. Cette transformation silencieuse en fait une interface précieuse entre deux modèles : la représentation classique, reposant sur les délégués des grands corps intermédiaires ; et la participation directe, ancrée dans l'expression citoyenne sous toutes ses formes. En ce sens, le CESE pourrait devenir le laboratoire d'une démocratie élargie, plus inclusive, plus transversale.

Mais cette ambition oblige à s'interroger : pourquoi multiplier les assemblées dans une démocratie ? Pourquoi une institution comme le CESE, à côté d'un Parlement élu ? La réponse est à chercher non dans une logique de duplication, mais dans celle de complémentarité.

Une complémentarité représentative

En France, l'Assemblée nationale et le Sénat jouent un rôle central dans l'élaboration de la loi et le contrôle du gouvernement. Les deux chambres incarnent, chacune à leur manière, une forme de légitimité démocratique : l'Assemblée par son élection directe et le lien fort qu'elle entretient avec l'expression populaire ; le Sénat par sa fonction de représentation des collectivités territoriales et sa capacité à inscrire le débat dans une temporalité plus longue, théoriquement moins soumise à l'urgence politique. Aucune de ces deux chambres ne peut, à elle seule, garantir l'épuisement du débat démocratique. Toutes deux obéissent aux logiques électorales avec leurs biais bien connus : homogénéisation des différences par le vote majoritaire à l'Assemblée nationale, confusion de l'intérêt général avec l'intérêt du moins petit groupe et le risque de « tyrannie de la majorité » (Tocqueville) ; conservatisme d'un Sénat à la représentativité plus indirecte.

C'est ici que le CESE trouve toute sa légitimité : non pas comme un contre-pouvoir au Parlement, mais comme un lieu d'expression complémentaire, fondé sur la représentation fonctionnelle, l'ancrage dans les réalités sociales, l'expertise collective. Il ne s'agit pas de multiplier les institutions par fétichisme procédural (non pas que nous en manquions en France), mais de reconnaître que la démocratie exige une pluralité de points d'entrée dans la décision publique. La légitimité démocratique ne se résume pas au suffrage. Elle peut aussi découler de l'engagement, de l'expertise, de l'ancrage social. Ensuite, parce que les grands défis du temps – transition écologique, mutation du travail, inégalités sociales – exigent des réponses transversales, portées par des voix à la fois hétérogènes mais capables de délibérer ensemble. Enfin, parce que les chambres élues sont souvent prises dans les logiques partisanes et médiatiques, là où le CESE peut offrir un espace de synthèse, de compromis, voire de préfiguration.

Par ailleurs, aucune institution ne peut prétendre à elle seule représenter la diversité des expériences et des points de vue qui traversent la société. Cette prétention, pourtant souvent affichée, se heurte à un constat bien documenté : l'Assemblée nationale et le Sénat souffrent d'un déficit structurel de représentativité sociologique. Les catégories populaires – ouvriers, employés, travailleurs précaires – y sont quasi absentes. Lors de la législature 2022-2024, seulement 6 députés sur 577 étaient issus du monde ouvrier, soit à peine 1 %, alors que les ouvriers représentent encore environ 19 % de la population active. Les employés, eux, constituent 27 % des actifs mais restent également très sous-représentés. À l'inverse, les cadres et professions intellectuelles supérieures sont surreprésentés (près de 40 % de l'Assemblée).

Le Sénat, élu au suffrage indirect par un collège de grands électeurs, reflète encore plus fortement cette inégalité. Majoritairement composé d'hommes de plus de 60 ans, issus des rangs des élus locaux ou des professions libérales, il peine à incarner la diversité générationnelle, territoriale et sociale du pays. La représentation des femmes, bien qu'en progression, reste inférieure à celle de l'Assemblée, où elle n'est déjà pas paritaire ; la représentation des minorités ethniques est quant à elle marginale, et celle des jeunes quasiment inexistante.

Cette distorsion entre la société réelle et sa représentation politique est une des causes profondes de la défiance actuelle. Les institutions apparaissent comme indifférentes, voire hermétiques aux préoccupations des classes populaires, des jeunes, des habitants des périphéries ou des zones rurales. Ce fossé n'est pas propre à la France : il est observable dans de nombreuses démocraties représentatives contemporaines. Mais certains pays ont tenté d'y répondre. En Islande, par exemple, des assemblées citoyennes tirées au sort ont été utilisées à partir de 2009 pour rédiger une nouvelle Constitution. En Belgique, un G1000 citoyen a permis, en marge des institutions, des délibérations participatives en parallèle des commissions parlementaires sur des sujets complexes.

Mais l'exemple le plus marquant et le plus important est probablement l'expérience irlandaise dans les années 2010. Dans ce pays de tradition catholique conservatrice où la constitution ne peut être modifiée que par référendum, les questions de société majeures comme le mariage pour tous ou le droit à l'avortement, qui nécessitaient des révisions du texte suprême, ont récemment été tranchées par des expériences citoyennes. Le paysage parlementaire était alors relativement bloqué par des coalitions instables. Ces exemples montrent que « le recours à des processus de délibération peut rendre gouvernables des situations bloquées[1] ». Une première convention constitutionnelle composée de 66 citoyens tirés au sort et de 33 parlementaires a été mise en place et a permis l'adoption du mariage pour tous (*marriage equality*), qui est entré en vigueur après validation par référendum à 61 % en 2015. En 2016, une seconde *Citizens' Assembly* est mise sur pied, avec seulement 99 citoyens tirés au sort, pour trancher notamment la question de l'avortement, dont l'interdiction figurait dans la constitution irlandaise depuis les années 1980. La question était autrement plus sensible et les partis politiques beaucoup moins allants pour soutenir la proposition formulée par la convention. Ses membres ont en effet recommandé, à 64 %, la légalisation de l'avortement. Un texte est finalement soumis à référendum et le « oui » obtient 66 % des suffrages. Ce taux si proche entre l'échantillon et la population générale est une épure. Comme si les sensibilités de la société s'étaient directement et exactement exprimées dans l'assemblée citoyenne. L'Irlande est ainsi devenue le premier pays à approuver directement des propositions émanant d'assemblées citoyennes[2].

Ces expériences partagent une même ambition : corriger les biais sociologiques de la représentation traditionnelle, en

1. Pierre Lascoumes, Patrick Le Galès, *Sociologie de l'action publique*, Paris, Armand Colin, 2012, p. 53.

2. Sur ce sujet, voir le bon article de Dimitri Courant sur le site La Vie des idées (Collège de France), « Les assemblées citoyennes en Irlande. Tirage au sort, référendum et constitution. », 5 mars 2019. https://laviedesidees.fr/Les-assemblees-citoyennes-en-Irlande#nb15

injectant de la diversité dans les processus délibératifs. C'est précisément ce vers quoi le CESE peut nous faire tendre, en assumant pleinement sa vocation à représenter non pas des opinions individuelles, mais des réalités collectives, sociales, professionnelles, territoriales, environnementales, souvent absentes des assemblées élues. Pour cela, sa composition pourrait encore être élargie ou renouvelée pour intégrer des jeunes, des citoyens tirés au sort, ou des collectifs informels issus de la société civile mobilisée.

Le CESE nous permet d'exprimer ce que le système électoral laisse en marge : une parole sociale et démocratique enracinée dans le vécu, une expertise plurielle, une écoute des populations marginalisées par les institutions représentatives. Dans une démocratie véritablement élargie, la légitimité ne vient pas seulement du vote, mais aussi du vécu, de l'expérience, de la présence concrète dans les mondes que la République doit gouverner.

Le CESE n'est pas un alibi participatif ou une instance d'apparat. Il peut assumer une fonction politique sans chercher à usurper celle des élus. Il ne vote pas la loi, mais il éclaire le débat. Il n'a pas le pouvoir de trancher, mais celui de proposer, d'alerter, d'orienter. C'est un espace de reconnaissance démocratique : reconnaissance des métiers, des combats sociaux, des causes minoritaires, des engagements citoyens. Dans un monde saturé de fractures et traversé par une défiance forte vis-à-vis des institutions traditionnelles, il faut que nous cessions de considérer le CESE comme une chambre silencieuse, aux marges du pouvoir, mais que l'on commence à y voir un cœur battant de la démocratie à venir. Une institution de médiation, de parole et de pont entre les citoyens et les institutions. Un lieu où la société civile apprend à parler d'une seule voix, sans perdre sa diversité. Et où l'État, enfin, réapprend à écouter.

Pour une chambre du dialogue citoyen

Au-delà des expériences citoyennes et participatives qu'il peut structurer, le CESE est également une véritable force de proposition qu'il faut considérer à sa juste place dans les institutions actuelles, pour structurer la participation de la société civile aux décisions publiques. Cela pourrait notamment passer par l'institutionnalisation de ses recommandations, qui seraient intégrées aux débats législatifs. Plusieurs formes différentes peuvent être envisagées.

Une autre option, maximaliste, serait un partage de l'initiative de la loi avec le CESE. Un examen systématique par les parlementaires des propositions les plus structurantes du CESE serait de nature à faire de la loi autre chose qu'un réceptacle à communication politique dans l'urgence. Le calendrier parlementaire intégrerait une séquence spécifique d'examen des travaux du CESE, favorisant un véritable dialogue entre législatif et société civile organisée. Cette idée a des précédents. Nous avons notamment cité la constitution de la République de Weimar, dont l'article 165 prévoyait qu'un « Conseil économique du Reich » puisse « faire soutenir des propositions de loi devant le Reichstag ».

Cela nécessiterait de modifier *a minima* l'article 39 de notre Constitution de 1958, qui dispose aujourd'hui que : « L'initiative des lois appartient concurremment au Premier ministre et aux membres du Parlement. » Cela impliquerait également de compléter le titre XI de la Constitution, relatif au CESE, pour y ajouter des éléments liés aux modalités de cette initiative. Il serait nécessaire que le CESE puisse s'opposer à l'examen du texte en procédure accélérée, qui est aujourd'hui devenu la norme (les deux tiers des textes adoptés sur la dernière décennie, et même jusqu'à 92 % sur la session 2020-2021 et 85 % en 2021-2022) et qui participe du sentiment d'urgence politique permanente.

Toutefois, une telle idée ne pourra être défendue largement que si les propositions du CESE émanent, directement ou indirectement, d'une volonté populaire. Cela peut par exemple passer par un élargissement du travail lié aux pétitions ou aux consultations et conventions citoyennes.

Autre option, moins ambitieuse : que chaque avis ou proposition formulée par le CESE fasse l'objet d'un examen formel devant le Parlement, accompagné d'une obligation de réponse motivée. Aujourd'hui, la loi organique relative au CESE[3] prévoit que le gouvernement fait connaître chaque année « la suite donnée aux avis » de l'instance. Les propositions du CESE pourraient par exemple être transmises à une commission permanente de l'Assemblée nationale ou du Sénat, qui en évaluerait la faisabilité, les impacts juridiques et financiers, et leur pertinence au regard des politiques publiques en cours. Ce processus garantirait une meilleure traçabilité de la parole citoyenne et du

3. Ordonnance n° 58-1360 du 29 décembre 1958 portant loi organique relative au Conseil économique, social et environnemental.

dialogue social et éviterait que les contributions issues de la société civile ne soient que symboliques ou ignorées.

On pourrait également imaginer, à l'instar de ce qui se pratique pour les rapports de la Cour des comptes[4], que les commissions permanentes de l'Assemblée et du Sénat puissent formuler des demandes d'avis au CESE, dont les conclusions seraient obligatoirement communiquées à la commission dont elle émane, qui en débattrait.

Au-delà de l'aspect institutionnel et législatif, le CESE est porteur de nouvelles formes de participation, notamment à travers le numérique, qui permet un dialogue parfois plus fluide entre citoyens et institutions, dépassant les procédures bureaucratiques traditionnelles. Ces outils pourraient évoluer pour permettre une consultation continue sur des projets législatifs, une remontée des priorités territoriales ou sectorielles, voire une délibération collective à grande échelle à travers des modules interactifs. Inspirées de dispositifs comme *Decidim* à Barcelone ou la *Civic Tech* utilisée dans le cadre de la Convention citoyenne pour le climat, ces plateformes peuvent combiner accessibilité, transparence et participation inclusive. Pour fonctionner, elles doivent s'appuyer sur des garanties de représentativité, de transparence algorithmique, et sur un droit à réponse publique de la part des institutions. En associant outils numériques, débats en présentiel et expertises citoyennes, le CESE pourrait piloter une nouvelle génération de participation, hybride et ancrée dans la société.

4. Article 58 de la loi organique relative aux lois de finances (LOLF).

Chapitre VI

Construire une légitimité et fédérer les points de vue antagonistes

Une légitimité alternative, fondée sur l'expertise et la diversité

La légitimité du CESE diffère profondément de celle des institutions parlementaires classiques que sont le Sénat et l'Assemblée nationale. Alors que ces dernières reposent sur le suffrage universel, la légitimité du CESE découle de sa composition pluraliste et fonctionnelle, ancrée dans la représentation des forces économiques, sociales et environnementales de la société. Ce mode de désignation, souvent perçu comme une faiblesse, faute de passage par les urnes, peut au contraire apparaître comme un atout démocratique dès lors qu'on considère la diversité des intérêts représentés.

Dans une perspective de philosophie politique, cette forme de légitimité peut être rapprochée de ce que Jürgen Habermas appelle une légitimité procédurale, fondée non pas sur l'origine du pouvoir (élection), mais sur la qualité du processus de délibération publique. Pour Habermas, une décision est légitime si elle résulte d'un échange argumentatif libre, inclusif et rationnel. C'est l'exact inverse du décisionnisme à la Schmitt ou de la souveraineté électorale ânonnée par ceux qui souhaitent, partout dans le monde, violer les institutions démocratiques. Le CESE, en tant qu'espace de confrontation pluraliste, contribue à cette exigence en accueillant des voix que le système électoral classique peine à faire entendre.

Par ailleurs, les régimes représentatifs modernes reposent sur une tension constante entre la sélection élitiste des représentants et la revendication d'un gouvernement du peuple[1]. Le CESE, avec ses membres désignés en fonction de leur engagement, de leur expertise ou de leur représentativité sociale, offre une forme alternative de représentation, moins élitiste et plus diverse en corrigeant, on l'a dit, les biais sociaux de la démocratie élective qui surreprésente les classes supérieures dans les institutions politiques.

En ce sens, le CESE donne corps à une démocratie continue, dans laquelle les corps intermédiaires trouvent à s'exprimer et où les citoyens ne sont pas seulement appelés à voter tous les cinq ans, mais à délibérer, proposer, corriger et enrichir l'action publique à partir de leur expérience concrète. Il incarne un modèle de participation fondé sur l'expertise d'usage, le terrain, les savoirs situés – tout ce qui, dans la vie réelle, constitue la matière vivante de nos choix et de nos engagements et qui reste trop souvent absent des hémicycles parlementaires. Il ne s'agit bien sûr pas d'en appeler pour la millième fois au règne du « bon sens » en politique (le plus souvent invoqué par celles et ceux qui semblent en être absolument dépourvues). Il s'agit plutôt de relier les savoirs spécialisés et la réalité sociale, pour faire émerger des propositions de politiques publiques plus justes, plus stables et vraiment représentatives.

1. Bernard Manin, *Principes du gouvernement représentatif*, Paris, Flammarion, 1996.

Tentative de lecture fonctionnaliste des institutions

Le passage du pouvoir de tous à la représentation par quelques-uns repose sur un ensemble de fictions juridiques et politiques utiles non exemptes de limites. L'idée selon laquelle le consentement d'un groupe majoritaire à un instant donné devient la volonté de la totalité pour toute la durée d'un mandat est une réduction du principe démocratique.

Des traités de philosophie politique justifient telle ou telle organisation démocratique. Mais les arguments les plus forts et les plus convaincants en faveur de la démocratie représentative ne sont pas d'ordre philosophique, ni même politique ou juridique. Ils sont d'ordre pratique et sont fonctionnalistes. Par exemple : on ne peut pas voter chaque jour pour un nouveau gouvernement, ou pour chaque décision que celui-ci prendrait. Il est absolument inévitable de déléguer. Il serait logistiquement impossible de remplacer la signature du Premier ministre sur nos décrets par celle de 68 millions de Français. Il serait encore moins imaginable d'atteindre l'unanimité de ces derniers. C'est par ailleurs le meilleur moyen de s'assurer d'une relative cohérence des politiques menées et d'une capacité à agir dans l'urgence. Voilà comment on pourrait défendre le principe du gouvernement dans une approche fonctionnaliste, sans même recourir aux idées de domination, de violence légitime, ou de Léviathan.

Qu'en est-il du Parlement ? Son fonctionnement ne permet pas vraiment de gérer l'urgence, la cohérence ou l'unanimité. Il faut donc chercher sa vocation ailleurs que dans les principes premiers du gouvernement. L'histoire des modèles politiques donne de très nombreux exemples de régimes sans Parlement, mais aucun sans gouvernement (quelle qu'en soit la forme).

La fonction du Parlement est en fait de représenter les courants qui composent la société. Son rôle est indissociable d'une certaine idée de la démocratie (pas forcément au sens contemporain, là encore) et de l'équilibre des pouvoirs. Il est censé éviter l'arbitraire du gouvernement. D'ailleurs, les dérives autoritaires des régimes politiques passent toujours par une marginalisation du Parlement, voire par un abandon explicite et direct de ses prérogatives. Dans une moindre mesure, en France, le fait majoritaire et une pratique politique clivée ont conduit à affaiblir la voix des différents courants minoritaires. Par ailleurs, la représentation des courants est, de fait, une représentation des partis. C'est la conséquence inévitable du principe de compétition électorale. Les partis sont absolument essentiels pour rapprocher les citoyens de l'action publique et de l'engagement, mais ils n'épuisent pas du tout le principe de représentation de la société et de la tectonique à l'œuvre sous son épais manteau de rituels républicains. C'est ce qui explique qu'aujourd'hui, la demande de participation soit devenue plus immédiate, plus expressive et moins linéaire. Notre modèle, hérité des Lumières et rationalisé au XIXe siècle, montre aujourd'hui ses limites.

Le CESE, par son statut consultatif et par l'absence de suffrage, échappe à cette fiction représentative utile mais encombrante. Il incarne une autre manière de faire démocratie : non par délégation exclusive, mais par co-construction progressive, par allers-retours entre institutions et société civile. Cette capacité à articuler des temporalités différentes, à conjuguer la lenteur du consensus et l'urgence des réalités sociales, en fait un espace de respiration démocratique.

Entendons-nous : il reste absolument indispensable d'avoir un Parlement fort, car les antagonismes politiques ont besoin de l'issue politique que constitue le vote. Il faut être en mesure de trancher. Mais le parlementarisme est une sorte de « morale provisoire » de la démocratie, une étape nécessaire et à de très nombreux égards bien plus souhaitable que toutes les alternatives césaristes dont nous avons en France une belle tradition historique. C'est un lieu de bruit, dans le bon sens du terme, car il concentre les tensions politiques, l'*agon* de nos engagements divergents. Mais on aurait tort de penser que, d'une part, le vote est le point final d'un débat et que, d'autre part, il n'est pas nécessaire de prendre un peu de distance avec les prises de positions politiques tranchées et souvent démagogiques. La synthèse de cette idée a été faite par Thierry Beaudet, président du CESE à partir de 2021 : « Par construction, le premier mot de la réflexion s'entend moins que le dernier mot de la décision[2]. »

Intégré dans une approche fonctionnaliste, le CESE contribue à la même logique de représentation des tendances de la société que le Parlement. Mais il a également un rôle que ni le gouvernement, focalisé sur l'action, ni le Parlement, enfermé dans des logiques partisanes, ne peuvent pleinement assumer : celui de la stabilisation intellectuelle et sociale de la décision publique. Il est

2. Thierry Beaudet, *Repoussons les frontières de la démocratie*, L'Aube, 2023.

un lieu de formulation lente, un amortisseur des radicalités, un traducteur entre le monde des normes et celui des vécus. De ce point de vue, il remplit une fonction analogue à celle que les économistes attribuent aux corps intermédiaires dans la régulation : celle de produire du compromis durable. Si la fonction fait l'organe, sa légitimité ne repose alors pas seulement sur sa représentativité, mais aussi sur sa fonction systémique, comme garant de l'intermédiation démocratique dans un écosystème institutionnel souvent fracturé.

La tension entre efficacité et délibération

La position du CESE, à la fois hors du cycle électoral et au cœur des débats publics, soulève une question récurrente : celle de la lenteur supposée de la délibération démocratique face aux exigences d'efficacité. Dans une époque marquée par la succession rapide des crises et la quête incessante de résultats, les institutions consultatives peuvent apparaître comme un frein. À la lenteur des procédures législatives s'ajouterait celle des avis, auditions, consultations : un double temps faible dans un monde dominé par l'instantanéité. Dans ce contexte, la question des temporalités politiques mérite d'être posée. Le rythme imposé par les élections présidentielles, l'alternance quinquennale et l'obsession des cycles médiatiques renforcent une logique de court-termisme démocratique. Les gouvernants soumis à l'injonction de résultats rapides privilégient l'affichage à l'ancrage, la communication à la construction. Or, les procédures délibératives – qu'elles soient parlementaires, administratives ou participatives – nécessitent du temps : celui de la réflexion, de l'écoute, de la confrontation des points de vue.

L'efficacité est une vraie demande sociale qui ne saurait pas être ignorée dans un bon modèle politique et institutionnel. Elle nous oblige à composer avec les contraires, car la démocratie n'est pas un régime de la vitesse, mais de la prudence. Elle est lente parce qu'elle prend le temps d'entendre les voix discordantes, de confronter les arguments, de penser les conséquences. Cette lenteur n'est pas un défaut technique, mais une vertu politique : elle constitue le prix de la délibération, de la pluralité et du conflit encadré. La démocratie est en perpétuelle évolution, toujours inachevée, toujours en construction. Elle suppose à ce titre un processus sans cesse recommencé, où l'efficacité ne peut être pensée que dans le temps long.

Dans cette perspective, le CESE ne ralentirait pas la décision : il la densifierait, il l'ancrerait dans une pluralité de réalités sociales. Il constitue une barrière contre les emballements médiatiques, les injonctions à la réforme permanente et les raccourcis décisionnistes. Il faut réussir à produire un autre discours sur l'efficacité : produire une loi sur l'immigration à chaque fois qu'un fait divers déchire l'actualité, est-ce vraiment efficace ? La réponse est très clairement négative.

Le CESE nous permet d'envisager une forme d'efficacité non pas immédiate, mais durable. Si l'on accepte que l'efficacité politique ne soit pas la réactivité à court terme, mais la capacité à produire des politiques publiques acceptées, comprises, et donc applicables, alors le CESE participe pleinement à cette exigence.

Il agit comme un stabilisateur démocratique, capable de réduire l'entropie politique en canalisant les tensions, en nommant les conflits, en fabriquant du consensus là où la division semblait irrémédiable.

Un rôle singulier dans la construction du consensus

Par sa méthode, qui articule expertise, concertation et pédagogie, le CESE peut traiter des sujets complexes, souvent conflictualisés dans l'arène politique. Il offre un espace de dialogue structuré entre acteurs très différents et parfois antagonistes : patronat et syndicats, ONG et entreprises, représentants des territoires et mouvements citoyens. Cette mise en dialogue permet non pas toujours de trancher, mais au moins de poser les termes du désaccord et d'en faire un objet collectif.

Ce rôle de médiation devient d'autant plus essentiel que les débats publics sont aujourd'hui fragmentés, polarisés, parfois hystérisés. Dans ce contexte, le CESE agit comme une boussole démocratique : il éclaire, oriente, clarifie. Il ne décide pas, mais il structure le débat. Il ne détient pas la vérité, mais il offre un cadre pour que celle-ci émerge collectivement. Son action est aussi pédagogique : en rendant visibles les processus de délibération, en publiant ses travaux, en associant les citoyens, il contribue à réhabiliter l'intelligence collective. La Convention citoyenne sur la fin de vie montre l'exemple d'une réflexion collective sur un sujet de société particulièrement sensible, et qui a pourtant été menée de manière apaisée, instruite, respectueuse des points de vue et en dehors des postures politiques.

Il faut d'ailleurs envisager de donner davantage de visibilité à ses outils actuels, comme les journées délibératives et les panels citoyens. En recueillant les retours des acteurs de terrain (professionnels, associations d'usagers, collectivités), on peut formuler des propositions et offrir la possibilité d'un traitement transversal et intelligible des tensions sociales.

La question de la légitimité du CESE ne peut être évacuée. Loin de toute naïveté institutionnelle, il faut reconnaître que son utilité dépendra de la manière dont il sera entendu, relayé, pris en compte. Cela suppose une responsabilité du commanditaire, par la redevabilité, pour que ses propositions soient suivies d'effet et que les autres institutions lui fassent une place réelle dans le processus de décision. Cela suppose aussi que les citoyens eux-mêmes s'emparent de cet espace, qu'ils le reconnaissent comme un lieu qui leur appartient.

Dans un système institutionnel saturé, parfois illisible pour certains, le CESE œuvre à une démocratie moins verticale, moins incantatoire, plus inclusive. Une démocratie qui ne cherche pas l'unanimité, mais la construction de compromis robustes. Une démocratie qui ne craint pas la complexité, mais qui la transforme en force. Une démocratie qui, enfin, accepte que la légitimité ne se décrète pas et n'est pas acquise pour toujours, mais se construit – dans le temps, par le dialogue, et par la confiance.

Chapitre VII

Œuvrer pour le progrès social, la transition écologique et les intérêts économiques

Le CESE n'est pas qu'un organe de consultation passif. Il est aussi un acteur historique et prospectif du progrès social, économique et écologique. Loin d'être un simple écho des revendications sectorielles, il incarne une forme de veille républicaine, capable de faire émerger des idées neuves, d'éclairer les angles morts du débat public, et de structurer des propositions à la fois concrètes et ambitieuses. Ce rôle est d'autant plus important que les institutions politiques classiques sont souvent absorbées par l'urgence, le court terme ou la conflictualité partisane.

Un moteur discret de réforme

Le CESE a déjà démontré sa capacité à impulser des réformes majeures dans l'histoire sociale française. L'un des exemples les plus significatifs est la proposition du revenu minimum d'insertion (RMI), formulée en 1987 dans son avis « Grande pauvreté et précarité économique et sociale », avant d'être reprise et mise en œuvre par le gouvernement de Michel Rocard en 1988 [1]. Le RMI ne fut pas simplement une mesure technique d'assistance, mais un tournant philosophique dans l'approche de la solidarité. Il reconnaissait, pour la première fois, un droit à un revenu de subsistance pour toute personne en situation de précarité, pour permettre son

1. Loi n° 88-1088 du 1 décembre 1988.

insertion. Le CESE se nourrit à cet égard d'une salutaire profondeur historique et de parangonnages internationaux :

> L'idée de garantir une sécurité minimale d'existence par le revenu n'est pas nouvelle. L'Angleterre en a fait l'expérience au XVIIe siècle, après la décision de Speenhamland[2]. Tout au long du XIXe siècle et au début du XXe siècle, des théoriciens l'ont proposée, de Charles Fourier en 1836 à Jacques Duboin en 1936[3]. La Nouvelle-Zélande en a institué une forme dès 1938, et, plus récemment, plusieurs pays, dont la République fédérale d'Allemagne en 1962, les Pays-Bas en 1963, la Grande-Bretagne en 1966, le Canada en 1969, la Belgique en 1974, le Luxembourg en 1986.[4]

Dans l'histoire de notre modèle social, le RMI a marqué la reconnaissance de la dignité économique comme socle de citoyenneté. Cet exemple illustre la capacité du CESE à anticiper les transformations nécessaires pour maintenir la cohésion sociale.

Il en va de même pour ses travaux sur la structuration des urgences hospitalières avec le rapport du professeur Adolphe Steg publié par le Conseil économique et social en 1989. Ce rapport a conduit le ministre Bernard Kouchner à engager une réforme structurelle en 1993 impliquant une simplification du parcours de soins, une amélioration des compétences des médecins

---

2. En 1795 et jusqu'à son abolition par le *Poor Law Amendment act* de 1834.
3. Philippe Van Parijs, « L'Ombre de Speenhamland », *La Revue Nouvelle*, avril 1985.
4. Extrait du rapport « Grande Pauvreté et précarité économique et sociale », *Avis et rapport du Conseil économique et social, Journal officiel* de la République française, 28 février 1987.

urgentistes ou encore de meilleurs plateaux techniques (également moins nombreux)[5].

Citons également le rapport du CESE de 2001 sur le harcèlement moral au travail, qui a orienté les débats parlementaires sur ce sujet. Le harcèlement moral a ainsi fait l'objet l'année suivante d'une première définition par la loi de modernisation sociale du 17 janvier 2002[6]. Le législateur a suivi les préconisations du rapport du CESE en faveur d'une véritable politique de prévention et de sanctions pénales. Le code du travail prévoit désormais que :

> Aucun salarié ne doit subir les agissements répétés de harcèlement moral qui ont pour objet ou pour effet une dégradation de ses conditions de travail susceptible de porter atteinte à ses droits et à sa dignité, d'altérer sa santé physique ou mentale ou de compromettre son avenir professionnel[7].

La réflexion transversale du CESE intègre les différentes dimensions du problème : sociale, territoriale, humaine et organisationnelle. Ces exemples montrent que le CESE peut fonctionner comme un accélérateur d'innovation institutionnelle ou sociale, en formulant des diagnostics plus précoces, en associant les parties prenantes et en proposant des voies de réforme souvent plus équilibrées et acceptables que celles issues de procédures strictement gouvernementales.

5. https://www.ina.fr/ina-eclaire-actu/la-crise-aux-urgences-le-rapport-steg-qui-devait-tout-solutionner
6. Loi n° 2002-73 du 17 janvier 2002 de modernisation sociale.
7. Article L1152-1 du code du travail.

Une diversité d'avis au service de l'intérêt général

Les avis du CESE n'ont pas vocation à devenir immédiatement des projets de loi. Il en existe plusieurs types, qui remplissent chacun une fonction spécifique dans l'écosystème démocratique. Les avis sectoriels, ancrés dans des enjeux professionnels ou économiques particuliers, répondent à des questions précises et font appel à une connaissance des enjeux de terrain et des compétences spécifiques des membres du Conseil. Les avis transversaux articulent plusieurs dimensions (sociale, écologique, territoriale) et opèrent un travail de synthèse des tensions entre des intérêts et des grilles de compréhensions différents. Les avis pionniers, enfin, abordent des sujets en marge du débat public, qui concernent des questions plus larges dites de « société » ou considérés comme taboues. L'avis publié en 2023 sur la légalisation du cannabis [8] en est un bon exemple. D'ailleurs, cet avis montre comment le travail du CESE s'articule parfaitement avec celui de la démocratie participative. Constatant l'échec des politiques actuelles en la matière, le Conseil recommande, « au regard des millions de personnes concernées et du traitement souvent dogmatique de cette question, (...) [d']organiser un débat public large (...) pour évoluer vers un modèle souhaitable. Les contours pourraient ainsi être précisés dans le cadre des dispositifs participatifs mis à la disposition du CESE par la loi organique du 15 janvier 2021 [9]. »

---

8. « Cannabis : sortir du *statu quo*, vers une légalisation encadrée », Avis et rapport du Conseil économique, social et environnemental sur proposition de la commission temporaire « Cannabis », 24 janvier 2023.
9. *Idem*, p. 26.

La réforme du CESE de 2021 lui permet en effet désormais d'organiser des consultations publiques, avec des citoyens qui peuvent être tirés au sort, un peu sur le modèle des conventions citoyennes.

Un élément crucial de cette démarche, et le CESE le souligne régulièrement, est de « rendre effectif le principe de redevabilité en demandant aux pouvoirs publics de prendre en compte les résultats du débat »[10] et d'y répondre.

Comme le rappelle Thierry Beaudet, président du CESE, dans *Repoussons les frontières de la démocratie*[11], ce travail préalable participe d'un élargissement du champ démocratique en amont de la décision.

La logique même de l'assemblée contribue à cette dynamique. En confrontant des expériences, des cultures, des intérêts parfois divergents, le CESE permet à ses membres de dépasser leur seule appartenance fonctionnelle ou institutionnelle pour se projeter dans l'intérêt collectif. La délibération ne gomme pas les différences, mais elle les oblige à se formuler, à s'argumenter, à se négocier. C'est en cela que le CESE est un lieu d'élaboration du compromis démocratique, plutôt que la simple addition de points de vue concurrents.

Des expérimentations citoyennes à institutionnaliser

Depuis la réforme de 2021, le CESE a donc été doté de nouvelles compétences en matière de participation citoyenne. Il peut désormais organiser des conventions citoyennes et traiter des

10. *Idem*, p. 27.
11. Éditions de l'Aube, 2023.

pétitions populaires. Ces innovations transforment en profondeur sa mission : il ne se limite plus à représenter les corps intermédiaires, il devient un acteur du dialogue démocratique direct.

L'expérience de la Convention citoyenne pour le climat et celle sur la fin de vie ont démontré la capacité de l'institution à organiser un débat rigoureux, informé et pluraliste sur des questions aussi complexes. Les citoyens tirés au sort ont formulé des propositions précises, argumentées, souvent audacieuses et visionnaires, et portées par un consensus rare. Le CESE s'est alors affirmé comme un tiers de confiance, garant de la méthode plus que du fond, capable de faire dialoguer les citoyens avec les institutions sans instrumentalisation. Certains citoyens sont eux-mêmes transformés par ce processus, murissent un point de vue, changent parfois d'avis ou découvrent un engagement. Surtout, les sujets pris en main par ces conventions infusent dans le débat public et bénéficient, dans le cheminement politique et institutionnel qu'ils suivent ensuite, d'une légitimité extrêmement forte dans l'opinion publique. Le coût politique devient élevé si l'on souhaite s'y opposer, surtout lorsque c'est par démagogie.

Ce modèle pourrait être élargi à d'autres enjeux : les retraites, les grandes transitions du monde du travail ou les inégalités numériques. À l'échelle internationale, nous l'avons vu, l'Irlande a montré la voie en confiant à des conventions mixtes (citoyens et parlementaires) des décisions majeures comme l'avortement ou le mariage pour tous. Le CESE, par sa structure et son expérience, est sans doute l'un des rares lieux capables de porter ces dispositifs de manière convaincante.

Chapitre VIII

UNE DÉMOCRATIE DU QUOTIDIEN : VERS UNE CULTURE PARTICIPATIVE ÉLARGIE

Pour renforcer la démocratie, il est nécessaire de la décliner dans tous les espaces de la vie sociale. Cela ne peut se limiter aux institutions classiques ou aux moments électoraux : la démocratie doit devenir un principe organisateur du vivre-ensemble, qui irrigue l'école, l'entreprise, le territoire et même l'espace numérique. Il s'agit de créer une culture participative élargie, où chacun est reconnu comme un acteur légitime de la délibération collective.

À l'école de la démocratie

L'école, en tant que lieu d'émancipation et de transmission des valeurs républicaines, est un levier fondamental. L'éducation à la citoyenneté y est encore souvent cantonnée à quelques séquences très formelles, déconnectées des enjeux vécus par les élèves. Pourtant, des pratiques pédagogiques plus actives, comme les conseils d'élèves, les débats argumentés, les mini-parlements, les projets d'engagement collectif, peuvent ancrer très tôt la culture du dialogue, du désaccord constructif et de la responsabilité. Le sociologue canadien Henry Milner soulignait, sur la base des exemples norvégiens et finlandais, que les simulations parlementaires dans le cadre de l'enseignement d'éducation civique sont ceux qui produisent les meilleurs résultats en matière de participation électorale future[1]. Préparer les jeunes à la participation démocratique, c'est leur donner les moyens d'élaborer un jugement personnel et leur apprendre à coopérer. C'est surtout prendre le contre-pied d'une société qui se désengage, dont les jeunes ne sont que le reflet, car « leur apparent désinvestissement est imbriqué dans des processus sociaux dépassant leur responsabilité générationnelle ». Les jeunes appartiennent à leur époque et « se trouvent interconnectés à l'expérience démocratique des citoyens plus âgés[2] ». C'est la raison pour laquelle la démocratisation des pratiques collectives doit aussi intervenir dans le monde des « grands ».

La démocratie d'entreprise

Dans le monde du travail, la démocratie peut également se déployer à travers des formes de gouvernance partagée. L'association des salariés aux décisions stratégiques, la reconnaissance des savoirs d'usage dans les processus de transformation, ou encore le développement du dialogue social au quotidien sont autant de pistes. À partir des années 1950, l'Allemagne et les pays du nord de l'Europe ont décidé de renforcer le pouvoir des salariés dans les

1. Henry Milner, *The Internet Generation: Engaged Citizens or Political Dropouts*, Medford (MA), USA, Tufts University Press, 2010.
2. *Engagements citoyens et politiques de jeunes : Bilans et expériences au Canada et en Europe*, sous la dir. de Bernard Fournier et Raymond Hudon, Québec, Presses de l'Université Laval, 2012.

entreprises, pour aller vers davantage de « co-détermination » avec les actionnaires, comme le rappelle régulièrement Thomas Piketty :

> Ces règles ont été consolidées au fil des décennies. Actuellement, les représentants des salariés détiennent ainsi la moitié des sièges dans les conseils d'administration des grandes entreprises en Allemagne, et un tiers des sièges en Suède, indépendamment de toute participation au capital. Il existe un très large consensus sur le fait que ces règles ont contribué à une meilleure implication des salariés dans la stratégie des entreprises allemandes et suédoises, et, *in fine*, à une plus grande efficacité économique et sociale[3].

Dans un contexte de perte de sens au travail, ces dynamiques participatives peuvent restaurer la confiance, améliorer la qualité de vie au travail, et renforcer la cohésion des collectifs. Certaines entreprises, notamment de l'économie sociale et solidaire, expérimentent des modèles innovants de co-détermination. Il est également intéressant de se pencher sur les exemples de gestion d'entreprises totalement reprises par leurs salariés. C'est par exemple le cas de SCOP-TI, née de la lutte des anciens salariés de Fralib contre la fermeture de leur usine par Unilever. Après 1 336 jours d'occupation, ils ont transformé le site de Gémenos (Bouches-du-Rhône) en une coopérative produisant thés et infusions sous la marque « 1336 ». La gouvernance est démocratique, les salaires uniformes et les décisions collectives. Ce modèle a permis à l'entreprise de retrouver la rentabilité en 2024, avec une hausse de chiffre d'affaires de 30 à 35 %, sans

3. https://www.lemonde.fr/blog/piketty/2017/09/12/repenser-le-code-du-capital/

aides extérieures[4]. À l'été 2024, les anciens de Duralex ont décidé de suivre cet exemple. Leur projet a permis de maintenir l'intégralité des 228 emplois du site via une coopérative dont le chiffre d'affaire est en pleine croissance.

Ce type d'initiative n'a pour l'instant jamais été appliqué aux réalités d'une grande entreprise cotée. Mais l'exemple allemand montre que des modèles comme la co-détermination ne sont pas du tout théoriques et portent bien un espoir de pratique démocratique du travail. Ceux qui portèrent naguère en France le discours sur les vertus du « modèle allemand » en matière de flexibilisation du travail seraient bien avisés de s'inspirer d'une telle pratique.

La démocratie locale

Sur les territoires, des dispositifs locaux comme les budgets participatifs, les jurys citoyens ou les conseils de quartier permettent une appropriation plus concrète de la chose publique. Lorsqu'ils sont sincères, bien accompagnés et suivis d'effets tangibles, ces outils renforcent le lien entre élus et habitants, et favorisent une gestion plus horizontale des enjeux locaux. L'exemple de la ville de Porto Alegre au Brésil, ou plus récemment des budgets participatifs à Grenoble, montre que la participation peut aussi devenir une école du civisme et de la justice sociale, en réorientant les dépenses publiques selon des priorités

4. *Le Monde*, « SCOP-TI, dix ans après, les victoires des ex-Fralib : "On est toujours là, alors qu'on était voués au Pôle emploi" », 6 novembre 2024.

collectivement discutées. À Porto Alegre, les budgets participatifs ont permis aux habitants des quartiers les plus défavorisés d'exprimer directement leurs besoins en matière de services essentiels, comme la santé, l'assainissement ou la voirie. Grâce à ce dispositif, les premières structures de soins ont été créées dans des zones qui en étaient auparavant totalement dépourvues. La participation populaire permet de contourner les logiques clientélistes et centralistes en donnant un accès direct à la décision. Depuis les années 1990, les citoyens décident collectivement des investissements prioritaires dans leur propre quartier. Chaque réalisation issue du budget participatif est clairement signalée par la municipalité. Cette dimension presque publicitaire renforce la transparence et valorise la mobilisation citoyenne. Ce modèle repose sur trois piliers : la participation sur des sujets de vie quotidienne, le fait de donner véritablement une partie du pouvoir de décision aux citoyens, et une forte dimension pédagogique[5].

Le tournant numérique

Dans ce contexte, le tournant numérique constitue une opportunité majeure. Les outils numériques permettent d'accélérer, de diversifier et de territorialiser les formes de participation. Plateformes de débat, consultations en ligne, forums citoyens numériques : ces dispositifs permettent de rendre la parole accessible au plus grand nombre, au-delà des contraintes de temps, de

5. Sur ce sujet, voir le chapitre 2 (« Le budget participatif : pourquoi le modèle de Porto Alegre ? ») dans Osmany Porto De Oliveira, *Le transfert d'un modèle de démocratie participative,* Paris, Éditions de l'IHEAL, 2010.

déplacement ou de statut social. Mais ils comportent aussi des risques : standardisation des expressions, polarisation algorithmique, inégalités d'accès. Il faut donc penser une architecture démocratique du numérique, articulée autour de principes de transparence, d'inclusivité, et de réciprocité.

Quel CESE pour renforcer la démocratie quotidienne ?

Dans cette architecture renouvelée, le CESE pourrait jouer un rôle de premier plan. Il peut devenir une véritable plateforme démocratique permanente, articulant conventions citoyennes, participation numérique, et mobilisation des corps intermédiaires. Son positionnement hors des joutes partisanes et sa légitimité fonctionnelle en font un lieu adapté pour porter ces innovations. Il pourrait notamment amplifier le rôle des conventions citoyennes, en les inscrivant dans un calendrier institutionnel, en accompagnant leur mise en œuvre, et en assurant le suivi des propositions issues des débats citoyens.

Cependant, pour que ces démarches soient crédibles, il est impératif que leurs conclusions ne restent pas lettre morte. L'« illusion procédurale » est catastrophique pour la confiance dans la vie politique. Les dispositifs participatifs ne peuvent pas être de simples rituels sans effets ou une « pédagogie » condescendante pour des réformes impopulaires. Ce risque est aggravé lorsque les participants n'ont aucun retour sur l'usage de leurs propositions. La confiance se gagne dans la durée, et se perd dans le silence. Ceux qui se sentent trahis par le processus ne sont pas nécessairement ceux dont les idées n'ont pas été retenues, mais ceux qui n'ont obtenu aucune réponse. Une démocratie exigeante est aussi une démocratie redevable.

Il est donc absolument nécessaire de construire des mécanismes de reddition de comptes à destination des citoyens mobilisés. Cela peut prendre la forme de retours personnalisés, de publications publiques d'évaluation, ou encore de réponses parlementaires ou exécutives formalisées. Ce suivi est la condition pour que les nouvelles formes de participation s'enracinent durablement, et ne deviennent pas des dispositifs de communication. Le CESE pourrait là encore jouer un rôle de garant, en assurant le lien entre la parole citoyenne et l'action publique, dans un cadre clair, transparent et respectueux des engagements pris.

Faire société démocratiquement, c'est donc aussi faire place aux citoyens dans le quotidien du pouvoir. À travers l'éducation, le travail, les territoires et le numérique, il est possible d'infuser l'idéal démocratique dans les pratiques sociales elles-mêmes. Le CESE, en tant qu'institution de synthèse et d'écoute, peut accompagner cette transformation culturelle et politique, pour que la démocratie ne soit plus un régime à défendre de temps à autre, mais un mode de vie à cultiver chaque jour. C'est précisément cette idée qu'avait formulée le philosophe pragmatiste John Dewey lorsqu'il affirmait que la démocratie n'était pas seulement une forme de gouvernement, mais une manière de vivre ensemble, fondée sur la communication, la coopération et l'apprentissage mutuel. Pour Dewey, l'« homme démocratique » est celui qui participe activement à la vie de sa communauté, qui apprend en agissant, et qui reconnaît la pluralité comme une richesse. Cette conception invite à penser la démocratie non comme un régime figé ou institutionnel, mais comme une culture quotidienne de la participation, du débat, et du souci des autres. En ce sens, démocratiser la société, c'est aussi œuvrer à la formation de cette posture démocratique, chez chacun, dans chaque sphère de la vie collective.

Conclusion

Un CESE plus fort et mieux intégré dans le processus législatif peut contribuer à renforcer la démocratie en rapprochant les citoyens des institutions et en rendant les décisions publiques plus inclusives et efficaces. Le CESE se positionne comme un acteur clé de l'innovation démocratique. Cela s'est confirmé avec la troisième Convention citoyenne qui lui a été confiée sur les « temps de l'enfant ». Cette vitalité et l'entrainement que cela suscite fait vraiment office de dépoussiérage institutionnel.

À travers des dispositifs participatifs ambitieux et une méthode de travail transparente et collaborative, il peut incarner une nouvelle manière de faire démocratie, où les citoyens ne sont plus seulement spectateurs, mais co-acteurs des décisions qui les concernent, soit directement, soit par l'intermédiaire de ceux qui sont engagés sur le terrain.

Car ce qui est en jeu, ce n'est pas seulement l'efficacité des politiques publiques, mais le sens même du contrat démocratique. C'est la promesse républicaine de reconnaissance, d'écoute, et de justice qui vacille lorsque les institutions deviennent sourdes ou distantes. C'est le sentiment de solitude politique, d'abandon civique, qui nourrit l'abstention, la colère ou le repli. On se trompe lourdement si on pense réenchanter la démocratie à coups d'incantations vidées de leur sens par des usages *ad nauseam* (« République », « rationnel », « bon sens »), de référendums (qui ne sont que des palinodies de démocratie mais qui ont le mérite de faire beaucoup de bruit) ou de verticalité exécutive. Il faut donner sa juste place à l'expérience vécue, à la parole partagée.

Le CESE peut être cette chambre de respiration, cette instance de résonance, ce lieu où les tensions sociales trouvent un langage commun. Il peut être le cœur battant d'une République en mouvement, capable de s'écouter, de se corriger, de se projeter. Il ne s'agit pas d'en faire une assemblée *bis* qui concurrencerait les deux autres, mais une chambre du collectif, un espace d'anticipation et de construction lente, loin des emballements ou des prébendes et proche des vies ordinaires.

Dans un monde saturé de bruits, de violences symboliques, d'algorithmes qui trient en antagonisant les points de vue, il est urgent de retrouver des lieux d'intelligence lente, d'éthique collective, de confrontation fertile. Une démocratie ne meurt pas toujours d'un coup d'État. Elle s'érode quand on cesse d'y croire, quand elle devient formelle, quand elle oublie le peuple. C'est peut-être naïf, mais il faut y croire. Car aucune des alternatives n'est souhaitable. Combien de personnes en viennent à apprécier les « Hommes forts », « ceux qui savent décider et réformer » (comme si la réforme était une fin en soi) et l'efficacité verticale ?

Alors même qu'il subit sa plus grave crise, le libéralisme économique a pris le chemin de sa propre radicalisation tout en construisant un discours sur son prétendu caractère apartisan. Les institutions démocratiques apparaissent comme des obstacles aux réformes et la tentation à une plus grande autorité est forte. Les résultats des élections ne sont plus vraiment suivis car la priorité est de poursuivre une très coûteuse et peu efficace politique de l'offre. Les états d'urgence sécuritaires sont devenus le droit commun, et on constate un peu partout que les garde-fous ne sont pas aussi robustes qu'on le pensait. La promesse, patiemment tissée, d'une société démocratique, se défait non pas seulement par l'irruption d'un pouvoir providentiel et autoritaire, mais par la capitulation d'élites économiques et politiques pour qui tous les moyens sont bons pour continuer *la seule politique rationnelle*.

Sans une intermédiation politique par la démocratie sociale, sans la capacité des syndicats, des entreprises, des employeurs et des associations de produire du collectif à partir de la somme des singuliers, nous condamnons notre société à l'anomie, à l'absence de référentiel commun pour la vie collective. Or, c'est sur ce terrain arasé que prospère la pulsion réactionnaire et anti-démocratique. L'extrême-droite cible spécifiquement la jeunesse désaffiliée, comme le souligne le géographe Boris Grésillon concernant la progression de l'AfD en Allemagne [1], où les partis traditionnels « ont laissé péricliter le maillage associatif et militant qui encadrait la jeunesse dans les petites villes de l'Est », laissant l'extrême-droite s'engouffrer dans la brèche.

---

1. Boris Grésillon, « Quand l'extrême droite cible la jeunesse », *Le Monde diplomatique*, janvier 2025 (p. 6).

Après la chute du mur, des centaines de milliers de jeunes, notamment des femmes qualifiées, ont quitté l'ex-RDA dans l'espoir de trouver un avenir à l'Ouest. Mais « ceux qui restent endurent alors en silence les chocs violents des années 1990 : abolition des institutions qui structuraient la vie sociale ; démantèlement industriel synonyme de chômage de masse ; vieillissement accéléré de la population et des petites villes en déshérence ».

C'est notre lien avec les autres qui vacille. L'objet de ce modeste plaidoyer n'est pas simplement de réhabiliter une institution déjà ancienne, ni même de réinventer complètement notre démocratie. Il est aussi de nous interroger sur le type de société que nous voulons habiter – et sur le courage qu'il nous faudra pour la rendre vivable, juste, commune. Il n'y aura pas de réveil démocratique sans une reprise en main citoyenne, sans un engagement lucide mais passionné, sans une réinvention du *commun* et un traitement renouvelé de nos désaccords.

Le CESE n'est qu'un levier parmi d'autres. Mais il a pour lui d'être encore disponible, malléable, perfectible. Il n'a pas le même passé lourd et déceptif de nos autres institutions républicaines. Il peut devenir le lieu d'un sursaut, si nous le pensons avec exigence. Il ne tient qu'à nous d'en faire un espace politique vivant, un contrepoint à l'oubli démocratique. Il ne s'agit plus de savoir si nous devons changer : la seule vraie question est de savoir si nous avons encore le goût de décider ensemble pour faire vivre la démocratie.

Table des matières

Prologue • Que peut la délibération dans ce monde de brutes ? 7

Introduction • Un idéal démocratique contrarié 15

Chapitre I • Une brève histoire des corps intermédiaires en démocratie : la tentative du Conseil national économique (CNE) et les contre-offensives autoritaires 23

Chapitre II • Le citoyen oublié dans la décision publique... 41

Chapitre III • Corps intermédiaires, défiance et engagement : repenser la participation 55

Chapitre IV • Retrouver la démocratie sociale pour réconcilier l'État et les citoyens 75

Chapitre V • Le CESE : une institution hybride pour une démocratie élargie 93

Chapitre VI • Construire une légitimité et fédérer les points de vue antagonistes 107

Chapitre VII • Œuvrer pour le progrès social, la transition écologique et les intérêts économiques 119

Chapitre VIII • Une démocratie du quotidien : vers une culture participative élargie 127

Conclusion 137

lire c'est s'engager

Les Éditions de l'Atelier,
anciennement Édition Ouvrières,
sont une maison d'édition indépendante
créée en 1929.
Depuis près d'un siècle, elles poursuivent
leur engagement humaniste
dans toutes leurs publications.

Pour recevoir notre lettre d'information,
abonnez-vous directement sur le site :
www.editionsatelier.com

Gaëlle Bidan, Dalibor Frioux et Léda Bontosoglou
ont participé à l'élaboration de ce livre.
Sa couverture a été conçue par Aurélie Streiff
et son intérieur mis en page par Le vent se lève...

Il a été fabriqué et imprimé en France,
chez Corlet imprimeur (14110 Condé-sur-Noireau).

Ses papiers (Carte couché 1 face 240 g
& Clairbook 18 blancheur 117 80 g)
sont certifiés PEFC
et son impression est labellisée Imprim' vert

N° de fabrication : 7194
N° d'imprimeur : 25040038
Dépôt légal : septembre 2025